Heinrich von Treitschke
Der Wiener Kongreß
1814 bis 1815

SEVERUS Verlag

ISBN: 978-3-95801-715-3
Druck: SEVERUS Verlag, 2017
Nachdruck der Originalausgabe von 1936

Satz und Lektorat: Clarissa Schäfer

Der SEVERUS Verlag ist ein Imprint der Diplomica Verlag GmbH.
Bibliografische Information der Deutschen Nationalbibliothek:
Die Deutsche Nationalbibliothek verzeichnet diese Publikation in der
Deutschen Nationalbibliografie; detaillierte bibliografische Daten
sind im Internet über http://dnb.d-nb.de abrufbar.

© SEVERUS Verlag, 2017
http://www.severus-verlag.de
Printed in Germany
Alle Rechte vorbehalten.
Der SEVERUS Verlag übernimmt keine juristische Verantwortung
oder irgendeine Haftung für evtl. fehlerhafte Angaben und deren
Folgen.

Heinrich von Treitschke

Der Wiener Kongreß
1814 bis 1815

Als König Friedrich Wilhelm im Herbste 1814 nach Wien abreiste, rechnete er auf einen Aufenthalt von drei Wochen. Aber volle neun Monate sollten vergehen von der ersten Konferenz der Bevollmächtigten der vier alliierten Mächte am 18. September 1814 bis zu der endgültigen Unterzeichnung der Schlussakte des Kongresses am 19. Juni 1815. Wer hätte auch Kraft und Lust gefunden zur raschen Erledigung der Geschäfte? Die fünf Sinne forderten ihr Recht nach der krampfhaften Sorge und Unruhe dieser beiden wilden Jahrzehnte. Wie einst Paris nach dem Sturze der Schreckensherrschaft sich kopfüber in den Strudel des Genusses gestürzt hatte, so atmete das alte fürstliche und adlige Europa jetzt auf, froh seiner wiedergewonnenen Sicherheit. Der große Plebejer war gefallen, der einmal doch den Hochgeborenen bewiesen hatte, was eines Mannes ungezähmte Kraft selbst in einer alten Welt vermag; die Helden des Schwertes verschwanden vom Schauplatze, mit ihnen die große Leidenschaft, die unerbittliche Wahrhaftigkeit des Krieges. Wie Würmer nach dem Regen krochen die kleinen Talente des Boudoirs und der Antichambre aus ihrem Versteck hervor und reckten sich behaglich aus. Die vornehme Welt war wieder ganz ungestört, ganz unter sich. Wer hätte das gedacht, dass der greise Fürst von Ligne, vor langen Jahren der Löwe der Salons im königlichen Frankreich, nun am Rande des Grabes noch einmal allen Glanz und alle Pracht der alten hochadligen Geselligkeit genießen und über den erlauchten Kongress, der wohl tanzte, aber nicht marschierte, geistreich boshafte Epigramme schmieden würde?

Sie kehrte freilich nicht wieder, die naive Unbefangenheit jener guten alten Zeit, die so bestimmt gewusst hatte, dass der Mensch erst beim Baron anfängt, dass die glückliche Einfalt des Pöbels von der Spötterei und den freigeisterischen Gedankenspielen der großen Herren niemals ein Wort erfahren kann. Dem neuen Geschlechte lag die Angst vor den Schrecken der Revolution noch in allen Gliedern; mitten in die rauschenden Lustbarkeiten des Kongresses drangen unheimliche Nachrichten von dem italienischen Geheimbunde der Karbonari, von der dumpfen Gärung in Frankreich, von den Zornreden der enttäuschten preußischen Patrioten, von den Verschwörungen der Griechen und dem Heldenkampfe der Serben wider ihre türkischen Tyrannen. Mochte man immerhin sorgsam die Türen schließen und das laute Anklopfen des demokratischen neuen Zeitalters überhören, ganz geheuer fühlte man sich doch nicht mehr. Wie sonst der Spott, so war jetzt der Glaube Modepflicht: ein paar salbungsvolle Worte über Christentum und göttliches Königsrecht musste auch das Weltkind zur Verfügung haben.

Die weibische Zierlichkeit des 18. Jahrhunderts verriet sich noch, wenngleich Zopf und Puder nicht wieder auferstanden, in den bartlosen Gesichtern, den Tabaksdosen, den Schuhen und seidenen Strümpfen, in der gesuchten Eleganz der männlichen Kleidung; doch war der Ton des Umgangs schon um vieles freier und formloser geworden. Keine Rede mehr von den alten Rang- und Titelstreitigkeiten, von dem pedantischen Gezänk über Form und Farbe der Sessel; bald da, bald dort, bei irgendeinem der Bevollmächtigten fanden sich die Minister zur Beratung zusammen und unterzeichneten die Urkunden nach dem Alphabet oder auch in bunter Reihe, wie man gerade am Tische saß.

Am auffälligsten bekundeten sich die veränderten Sitten an den großen Prunk- und Feiertagen des Kongresses. Das Mittelalter feierte kirchliche, das Jahrhundert Ludwigs

XIV. höfische Feste; die neue Zeit trug einen entschieden militärischen Charakter. Parade und Heerschau wurden unvermeidlich, sooft sich der moderne Staat im Glanze seiner Herrlichkeit sonnen wollte. Selbst dies Österreich, damals der am wenigsten militärische unter den großen Staaten des Festlandes, durfte die ungeheure Macht der neuen massenhaften Heere nicht ganz verkennen. Vor fünfzig Jahren hatte man noch über den militärischen Anstrich des preußischen Hofes vornehm gespottet, jetzt war die preußische Sitte allgemein eingebürgert, und auch der waffenscheue Kaiser Franz musste zuweilen in der Uniform erscheinen.

Ein Diplomatenkongress kann niemals schöpferisch wirken; genug, wenn er die offenbaren Ergebnisse der vorangegangenen kriegerischen Verwicklungen leidlich ordnet und sicherstellt. Und wie hätte diese Wiener Versammlung Größeres leisten sollen? Eine unbeschreibliche Ermattung lastete auf den Gemütern, wie einst, da der Utrechter Kongress das blutige Zeitalter Ludwigs XIV. beendigte;[1] und wie damals Kronprinz Friedrich die allgemeine Verkommenheit der europäischen Staatskunst beklagte, so ging jetzt die abgespannte und abgehetzte diplomatische Welt allen den anfertigen neuen Ideen der Zeit ängstlich aus dem Wege und ließ sichs wieder wohl sein bei jener bequemen Staatsanschauung des alten Jahrhunderts, die den Staat nur als einen Haufen von Geviertmeilen und Seelen betrachtete. Die Wiener Luft tat das ihrige hinzu. Hier in dem Mittelpunkte des ungeheuren Familiengutes, das man Österreich nannte, in diesem Wirrwarr zusammengeheirateter Länder und Völker hatte man nie etwas geahnt von den sittlichen Kräften, welche ein nationales Staatswesen zusammenhalten; und es war so recht

---

1 Utrechter Kongress: 1713

im Geiste der alten Habsburgerpolitik, wenn Österreich und Bayern jetzt selbander über die Frage stritten, ob die Untertanen der Mediatisierten, die ihrem Landesherrn nur wenig einbrachten, als halbe Seelen oder als Drittelseelen zu berechnen seien. Mit Entrüstung vernahmen die befreiten Völker, dass sie nun wieder nichts sein sollten als eine große Herde, die nur durch ihre Kopfzahl Wert hatte. Görres lärmte im „Rheinischen Merkur" gegen „das herzlose statistische Wesen" der Wiener Diplomaten, und Blücher schrieb grimmig an seinen alten Freund Rüchel: „Der gute Wiener Kongress gleicht einem Jahrmarkt in einer kleinen Stadt, wo ein jeder sein Vieh hintreibt, es zu verkaufen oder zu vertauschen." Durch eine kunstvoll abgewogene Verteilung der Länder und der Leute die Wiederkehr der französischen Übermacht zu verhindern – in diesem einen Gedanken ging wie einst zu Utrecht die ganze Weisheit der Kabinette aus.

Und wie damals Catel de St. Pierre wähnte, aus der neuen, völlig willkürlichen Gestaltung der Länderkarte werde ein unabänderlicher Friedenszustand hervorgehen, so erwachte jetzt wieder der unmännliche Traum vom ewigen Frieden, dies sicherste Kennzeichen politisch ermatteter und gedankenarmer Epochen: viele treffliche Männer aus jedem Stande und jedem Volke gaben sich im Ernst der Hoffnung hin, dass die Weltgeschichte in ihrer ewigen Bewegung nunmehr still stehen, vor den Ratschlüssen des Wiener Areopags ehrfürchtig verstummen würde.

Preußens Diplomatie stand nicht auf der Höhe seiner Feldherrnkunst; keiner seiner Staatsmänner besaß den kühnen, freien, sicheren Blick Gneisenaus. Aber das halbe und flaue Ergebnis der Wiener Verhandlungen war durch die Natur der Dinge selbst gegeben, nicht verschuldet durch die Fehler einzelner Männer. Die schwerste Krankheit des alten Staatensystems, deren der treue Arndt soeben wieder in dem neuesten Bande des „Geistes der Zeit" warnend gedachte, die Zersplitterung Deutschlands und Italiens, hatte der Befreiungskrieg nicht geheilt. Da hier wie dort die öffentliche Meinung noch in einem Zustand völliger Unreife verharrte, so brachte der Kongress beiden Völkern im Wesentlichen eine Restauration: den Italienern die Gebietsverteilung von 1795 den Deutschen die Wiederherstellung jenes lockeren Nebeneinanders kleiner Monarchien, das einst aus der Fürstenrevolution von 1803 hervorgegangen war.[2] Diesseits wie jenseits der Alpen hatte sich Österreich eine mittelbare, geschickt verhüllte Herrschaft errungen, die ungleich fester stand als das napoleonische Weltreich und den Deutschen wie den Italienern jede Möglichkeit friedlicher nationaler Entwicklung abschnitt. Ein Deutscher Bund mit Österreich und den noch unbekehrten Satrapen Bonapartes konnte nichts anderes sein als die verewigte Anarchie; ein Italien mit Österreich, mit dem Papste, den Bourbonen und den Erzherzögen musste in kläglicher Ohnmacht verharren. Es bedurfte einer langen Schule der Leiden, bis den beiden schicksalsverwandten Nationen die Erkenntnis der letzten Gründe ihres Unglücks aufging, bis jenes Wahngebilde des friedlichen Dualismus, das jetzt noch, und nicht durch einen Zufall, die besten Köpfe beherrschte, in seiner Hohlheit erkannt ward und die alten stolzen friderizianischen Überlieferungen wieder zu Ehren kamen. Die Herstellung einer wohlgesicherten norddeutschen Macht, wie sie der Nation not tat, war in Wien von Haus aus unmöglich, da

---

2   Fürstenrevolution: Im Reichsdeputationshauptschluss von 1803 wurden nach einem von Frankreich und Russland entworfenen Verteilungsplan die deutschen Fürsten für ihre Abtretungen auf dem linken Rheinufer (das im Frieden von Lunéville 1801 an Frankreich gefallen war) durch die Gebiete der Geistlichen Stände und der meisten Reichsstädte entschädigt

Preußens Schicksal zum guten Teile von dem Willen seiner Feinde und Nebenbuhler abhing.

Ein kühner genialer Staatsmann an Preußens Spitze hätte vermutlich das verschlungene Spiel der Wiener Verhandlungen weit einfacher gestaltet, die Krisis und die Entscheidung rascher herbeigeführt, doch, wegen der erdrückenden Ungunst der Umstände, zuletzt schwerlich viel mehr erreicht, als wirklich erlangt wurde.

Bei dieser vorläufig noch unheilbaren Schwäche der Mitte des Weltteils konnte das neue System des europäischen Gleichgewichts, das in Wien begründet wurde, nur ein Notbehelf sein, ein schwächlicher Bau, der seine Dauer nicht der eigenen Festigkeit, sondern allein der allgemeinen Erschöpfung und Friedensseligkeit verdankte. Viele der schwierigsten und gefährlichsten Streitfragen des Völkerrechts musste man unerledigt liegen lassen und tröstete sich mit jener Gelegenheitsphrase, die nun bald modisch wurde: *c'est une question vide*. Immerhin blieb aus den bitteren Lehren dieser entsetzlichen Kriegsjahre mindestens ein großer und neuer Gedanke als ein Gemeingut der politischen Welt zurück: selbst die frivolen Durchschnittsmenschen der Diplomatie fingen an zu begreifen, dass der Staat doch nicht bloß Macht ist, wie das alte Jahrhundert gewähnt hatte, dass sein Leben doch nicht allein in der Belauerung und behenden Übervorteilung der Nachbarmächte aufgeht. Der Anblick jener Triumphe, welche der Revolution und ihrem gekrönten Helden durch die Zwietracht der alten Mächte bereitet wurden, hatte doch endlich ein lebendiges europäisches Gemeingefühl erweckt. Die befreite Welt war ernstlich gesonnen, in einer friedlichen Staatengesellschaft zusammenzuleben; sie fühlte, dass den Staaten, trotz aller trennenden Interessen, eine Fülle großer Kulturaufgaben gemeinsam war, die allein durch freundliche Verständigung gelöst werden konnten.

Mochte die mechanische Staatsanschauung vergangener Tage noch überwiegen, die gewissenlose Staatsräson der alten Kabinettspolitik war bereits im Untergehen; und es bleibt das dauernde historische Verdienst des Wiener Kongresses, dass er für den freundnachbarlichen Verkehr der Staatengesellschaft einige neue Formen und Regeln fand. Ein Fortschritt war es doch, dass man sich über die Vorschriften der internationalen Etikette, über die Rangordnung der diplomatischen Agenten und viele andere unscheinbare, aber unentbehrliche Voraussetzungen eines geordneten Völkerverkehrs endlich einigte. Zur See blieb freilich alles beim Alten. Hier galt kein Völkerrecht, sondern die Übermacht Englands; nimmermehr wollte die Hoffart der Meereskönigin sich auch nur zu einer Verständigung über den Flaggengruß herbei lassen.

Noch folgenreicher wurden die Verträge über die Schifffahrt auf den konventionellen, mehreren Staaten gemeinsam angehörigen Flüssen, ein mühseliges Werk, woran Humboldts Fleiß und Scharfsinn das Beste tat. Die Handelspolitik des 18. Jahrhunderts hatte grundsätzlich den eigenen Nutzen in der Schädigung des Nachbars gesucht, jetzt zum ersten Male berief sich ein europäischer Vertrag auf die Lehre der neuen Nationalökonomie, dass die Erleichterung des Verkehrs im gemeinschaftlichen Interesse aller Völker liege. Auch ein großes gemeinsames Werk christlicher Barmherzigkeit wurde schon in Angriff genommen: die Mächte einigten sich über die Abschaffung des Negerhandels. Allerdings vorerst nur über den Grundsatz, da Spanien und Portugal bindende Verpflichtungen nicht übernehmen wollten. Aber mit alledem ward doch die Bahn gebrochen für eine lange Reihe von Verträgen, welche das Netz des völkerverbindenden Verkehrs immer enger flochten, den Rechtsschutz für die Ausländer immer sicherer stellten. Der neu erwachte Nationalstolz hatte den gesunden Kern der alten deutschen Weltbürgergesinnung keineswegs zerstört. Kaum war der Imperator gestürzt, so legte der wackere preußische Jurist Sethe dem Freiherrn vom Stein in einer Denkschrift dar, wie viele harte und feindselige Bestimmungen gegen die Ausländer der Eode Napoleon enthalte; Gelehrte und Geschäftsmänner bestürmten die deutsche Diplomatie um Sicherung der Rechte der Fremden. Mit dem Wiener Kongress begann in der Tat eine neue Epoche des Völkerrechts, eine menschlichere Zeit, welche den großen Namen der Staatengesellschaft allmählich zur Wahrheit machte und namentlich dem internationalen Privatrechte endlich einen positiven Inhalt gab.

An diesem großen Fortschritte des Völkerrechts hatte freilich der Aufschwung des Weltverkehrs ein größeres Verdienst als die bewusste Einsicht der Mitglieder des Kongresses. Wie hätte sich auch eine ernste und tiefe politische Gesinnung entwickeln können in dieser glänzenden und rauschenden Versammlung, der prächtigsten und zahlreichsten, welche die Welt seit dem großen Konstanzer Kirchentage gesehen hatte?

Alle Mächte Europas, mit einziger Ausnahme des Sultans, waren vertreten. Auf dem Graben und auf den Basteien des alten Wiens, im Prater und an der großen Diplomatenbörse, dem Gasthofe zur „Kaiserin von Österreich", drängte sich das bunte Gewimmel von Fürsten und Prätendenten, Staatsmännern und Offizieren, Priestern und Gelehrten, Abenteurern, Gaunern und Supplikanten, untertänigst angestaunt und untertänigst ausgebeutet von den gemütlichen Wienern, die sich an den hohen Herrschaften gar nicht satt sehen konnten. Die Erbsünde des gemeinen Durchschnittsschlages der Diplomaten, die Vermischung der ernsten Staatsgeschäfte mit der Tändelei, dem Ränkespiel und dem Klatsch des Salons, gedieh zur üppigsten Blüte. Hässlicher als die unvermeidliche Sittenlosigkeit dieses großen Fürstenbacchanals erschien die lächelnde Verlogenheit, die sich jetzt zur Virtuosität ausbildete; wer hier etwas gelten wollte, musste sich auf die Kunst verstehen, morgens ein geheimes Kriegsbündnis gegen seine täglichen Tischgenossen abzuschließen und nachmittags mit den nämlichen Freunden wieder in ungetrübter Zärtlichkeit zu verkehren.

Über dem ganzen glitzernden und blitzenden Treiben lag der Hauch jener trivialen Gedankenlosigkeit, welche das Habsburgerregiment auf dem Wiener Boden eingebürgert hatte. Die Zeit war dahin, da das wackere Bürgertum der ehrenfesten deutschen Landstadt Wien sich seine herrlichen Kirchen errichtete. Was hatten diese langen drei Jahrhunderte, seit die Donaustadt der Mittelpunkt eines großen Reiches geworden, an Schönem gebaut und gebildet? Nichts, gar nichts, kaum dass der Kuppelbau der Karlskirche und das Belvedereschloß mindestens einige Eigentümlichkeit zeigten. Sonst überall, an dem hässlichen Häuserhaufen der Burg wie an den Palästen des reichen Adels, dieselbe abschreckende Geschmacklosigkeit. Einige Kunstsammlungen waren wohl vorhanden, doch niemand beachtete sie; die Schätze der Ambraser Sammlung lagen vergessen, Karl August von Weimar entdeckte sie erst jetzt von neuem, denn der geistvolle Fürst hielt es in der schalen Nichtigkeit dieser geselligen Freuden nicht aus und durchstreifte die Stadt, nach feineren Genüssen suchend. Es war noch ganz das von Schiller verspottete alte Wien, die Stadt der Phäaken mit ihrem ewigen Sonntag und dem immer sich drehenden Bratspieß. Keine Spur von wissenschaftlicher Tätigkeit: wer hatte von der altehrwürdigen Universität je etwas gehört, außer dass sie ein wohleingerichtetes Hospital mit einigen trefflichen Ärzten besaß? Dazu der dumpfe Druck der Geheimen Polizei und ein allgemeiner politischer Stumpfsinn. Kein Mensch in diesem lustigen

Völkchen bekümmerte sich um die politische Tätigkeit des Kongresses; der „Österreichische Beobachter" brachte in neun Monaten einen einzigen Artikel über die Geschäfte der erlauchten Versammlung, und niemand fand das sonderbar. Allein die Blüte des Theaters ließ erraten, dass hier noch ein reichbegabter Menschenschlag lebte und das verfallene geistige Leben dereinst doch wieder erwachen konnte. Die Bildung in den Kreisen der österreichischen Magnatengeschlechter war noch ganz Französisch; nur mit den Herren aus Preußen sprach man deutsch, um dem nordischen Teutonentum doch eine Liebenswürdigkeit zu erweisen. Der Esprit der alten bourbonischen Aristokratie fehlte freilich ganz; auch die großen Judenhäuser, welche jetzt, dank der Finanznot des Hauses Österreich, zum ersten Male als eine Macht austraten und in die vornehme Welt eindrangen, die Firmen Arnstein, Eskeles, Herz waren damit nicht allzu reich gesegnet.

Unvermeidlich wirkte die geistige Armseligkeit dieser Umgebung auf den ganzen Ton des Kongresses zurück. Das flache Vergnügen bot hier den einzigen Schutz gegen die Langeweile. Maskenzüge und Praterfahrten, Bälle und Spielpartien, Schmausereien und lebende Bilder drängten einander in eintönigem Wechsel, so dass die Arbeit der Diplomatie kaum beginnen konnte. Eine kaustische Bemerkung des Fürsten von Ligne oder eine Skandalgeschichte von Metternich, der niemals weniger als zwei Damen zugleich mit seiner Gunst beehrte, oder eine Witzelei über die neu erfundene Draisine des Barons Drais, deren humpelnde Bewegung dem Fortschreiten der Kongressverhandlungen so verzweifelt ähnlich sah, oder ein Urteilsspruch jenes hohen Gerichtshofs der Feinschmeckerei, der an Talleyrands Tafel den Käse von Brie feierlich zum König des Käsegeschlechts ausrief – das waren die Silberblicke in dieser ungeheuren Fadheit. Es schien, als wollte der wiederhergestellte alte Fürstenstand den Völkern Europas recht gründlich zeigen, für welches Nichts sie geblutet hatten. Man hat viel von Napoleon gelernt, sagte Karl August bitter, unter anderem auch die Frechheit.

Nicht ohne Geschick spielte der Hausherr, Kaiser Franz, die Rolle des ehrwürdigen Patriarchen unter dem hohen Adel, obgleich er noch kaum siebenundvierzig Jahre zählte. Er ließ sichs nicht verdrießen, täglich fünfzigtausend Gulden für die kaiserliche Tafel, für den Kongress insgesamt sechzehn Millionen Gulden auszugeben, während seine unbezahlten Invaliden auf den Landstraßen betteln gingen; der pfiffige Rechner wusste wohl, welche Vorteile ihm die Stellung des Wirtes bot. Wie rührend erschien den durchlauchtigen Gästen diese mehr als unscheinbare Gestalt in ihrem abgeschabten blauen Rocke, mit dem gemütlichen kleinbürgerlichen Wesen. Ein geborener Florentiner, war Franz erst als junger Mann an die Donau gekommen; aber die Maske des biederen, treuherzig groben Österreichers, die er damals vor sein Gesicht genommen, saß ihm jetzt wie angegossen, weil sie seinem Phlegma und seinen vulgären Neigungen entsprach. Niemand auf der Welt vermochte ihm jemals ein Gefühl herzlichen Wohlwollens zu entlocken; spurlos rauschten die Schicksalswechsel einer ungeheuren Zeit über den Stumpfsinn seiner Selbstsucht dahin. Er begnadigte niemals, außer wenn der Verbrecher selber um den Tod bat; er leitete in eigener Person die Misshandlung der politischen Gefangenen, bestimmte jedem selber die Schwere der Ketten und die Zahl der Fasttage und kannte keine süßere Erholung als das Durchlesen erbrochener Briefe; er hatte schon zwei Frauen verloren und sollte bald auch die dritte begraben, um sofort wieder mit unwandelbarer Gemütsruhe die vierte zu heiraten; er umgab sich grundsätzlich nur mit Menschen von unsauberer Vergangenheit, die er jederzeit mit einem Fußtritt entlassen konnte. Trotz alledem und trotz dem bösen Blicke seiner kalten, harten Augen, trotz der so naheliegenden Erinnerung an seinen Familien- und Geistesverwandten Philipp II. von Spanien glaubte alle Welt an die kindliche Unschuld des herzlosen, misstrauischen Despoten.

Sein politisches System war das denkbar einfachste. Nach allen den Plagen und Sorgen dieser wüsten Jahre wollte er endlich wieder seine Ruhe haben, wollte wieder als ein fleißiger Hofrat Stöße von Akten mit nichtssagenden Randbemerkungen bemalen, in Mußestunden die Geige spielen, Papier ausschneiden, Vogelbauer lackieren und was sonst der k.k. Ausschweifungen mehr war. Geistlos und denkfaul wie die Mehrzahl seiner Ahnen, völlig unfähig, einen neuen politischen Gedanken auch nur zu verstehen, sah er in allen den revolutionären und nationalen Ideen, welche das neue Jahrhundert bewegten, nichts als Bosheit und Dummheit, nichts als sträfliche Auflehnung gegen das fromme Erzhaus. Mit dieser Gedankenarmut verband sich aber eine durchtriebene Bauernschlauheit, ein gewisser roher Instinkt für das politisch Erreichbare: der Kaiser fühlte sehr richtig, dass sein Haus nahezu alles, was sich nur wünschen ließ, bereits erlangt und jede Änderung in der Staatengesellschaft als eine Gefahr zu fürchten hatte.

So ward er aus Neigung, Grundsatz und Berechnung ein geschworener Feind jeder, aber auch jeder Neuerung, ein argwöhnischer Gegner der beiden ehrgeizigen Nachbartnächte, Russlands und vornehmlich Preußens.

Wenn es dem guten Kaiser nicht leicht fiel, aus seinen prunklosen Alltagsgewohnheiten hinauszutreten in die prächtige Gesellschaft des Kongresses, so schwamm sein vielgewandter Metternich vergnüglich wie ein Fischlein in dem glänzenden Strudel. So wohl war es ihm nie mehr geworden seit jenen lockeren Jugendtagen, da er an den leichtlebigen geistlichen Höfen der rheinischen Heimat seine Schule durchgemacht hatte. Niemand verstand wie er, in der Pause zwischen Diner und Maskenball eine diplomatische Intrige einzufädeln, vor der Fahrt zum Stelldichein noch rasch eine Depesche abzutun oder mit dem Ausdrucke wärmster Zärtlichkeit in den schönen blauen Augen einen Herzensfreund recht gründlich anzulügen. Auch sah er keineswegs ungern, wenn seine preußischen Freunde ihn für leichtfertiger hielten, als er war, und für Vergesslichkeit und Nachlässigkeit nahmen, was aus böser Absicht hervorging. Denn wie er in seinem Hause bei allem Aufwande immer ein umsichtiger Wirt blieb, habsüchtig, genau bis zum Geize, so hielt er auch mitten im Gewirr der geselligen Zerstreuungen seine politischen Pläne mit zäher Ausdauer fest. Er sah in diesem großen Fürstentage auf österreichischem Boden einen glänzenden Triumph der habsburg-lothringischen[3] Staatskunst, betrachtete die Beschlüsse der erlauchten Versammlung wie sein eigenes Werk und dachte durch sie der Bewegung des Völkerlebens ein für allemal eine feste Schranke zu setzen. Gleich seinem Kaiser sah er ein, dass sein Österreich nur noch eine konservative Politik verfolgen konnte, und wollte wie jener die revolutionären Ideen der Völker durch eine scharfe polizeiliche Aufsicht bändigen, den Ehrgeiz der beiden aufstrebenden jungen Ostmächte unter dem Scheine zärtlicher Freundschaft zügeln. Daher das feste Bündnis mit den gleichgesinnten englisch-hannoverschen Tories und das bereits vorbereitete gute Einvernehmen mit dem bourbonischen Hofe. Der nationalen Politik Preußens hatten die Verträge mit den Rheinbundstaaten[4] schon

---

3   Habsburg-Lothringen: Durch die Ehe Maria Theresias mit Franz Stephan von Lothringen
4   Verträge mit den Rheinbundstaaten: Mit Bayern zu Ried (8. Oktober 1813), mit Württemberg u.a. in Fulda nach der Schlacht bei Leipzig

einen Riegel vorgeschoben; jetzt galt es zunächst durch die Errettung Sachsens[5] die kleinen Kronen noch fester an das Haus Österreich anzuschließen und sodann die Türkei vor Russlands Übergriffen sicherzustellen. Durch die Bekämpfung der Osmanen war Österreich einst emporgekommen und in Wahrheit erst zu einem Staate geworden; der gedankenlosen Ruheseligkeit dieser neuen Staatsweisheit erschien umgekehrt die Erhaltung der letzten Trümmer der Osmanenherrschaft als eine heilige Aufgabe. Für den himmelschreienden Jammer der serbischen und griechischen Rajah hatte man in der Hofburg nur noch ein frivoles Lächeln. Ein Gefühl innerer Wahlverwandtschaft verband dies neue Österreich, das sich in seinen italienischen Provinzen nur durch das Schwert aufrechterhalten konnte, mit der Hohen Pforte. Schon seit Anfang 1813 hatte Gentz mit dem Hospodaren der Walachei, Janko Karadja, einen regelmäßigen vertrauten Briefwechsel eröffnet, der den Diwan, „unseren treuesten Alliierten", über die Lage der Welt und die Absichten des Wiener Hofes genau unterrichten sollte. Vergeblich war Metternich seit dem Herbst des nämlichen Jahres bemüht gewesen, den Zaren dahin zu überreden, dass der Sultan mit in die europäische Fürstenfamilie aufgenommen, sein Besitzstand durch alle Mächte insgesamt feierlich verbürgt werden sollte.

---

5 Sachsen: König Friedrich August war vor der Besetzung Dresdens durch Massen und Preußen (27. März 1813) geflohen; die sächsischen Truppen waren am letzten Tage der Schlacht bei Leipzig übergegangen; der König selbst in Leipzig gefangengenommen; er kam kriegsgefangen nach Friedrichsfelde bei Berlin, das Land als erobert zunächst unter ein russisches Gouvernement. (Treitschkes Beurteilung der sächsischen Politik hatte bereits vor dem Erscheinen der „Deutschen Geschichte" zum Bruch mit seiner Familie geführt; sein Vater und später sein Bruder waren sächsische Generale.)

Diese Lücke in dem großen Systeme der Stabilitätspolitik musste jetzt noch ausgefüllt werden. Gelang dies, und wurden auch die polnischen Pläne Alexanders[6] vereitelt, so war nach Metternichs Meinung das Werk des Kongresses auf unabsehbare Zeiten hinaus sichergestellt. So spiegelte sich in diesem Kopfe die Welt. Genuss und Ruhe war ihm das höchste Ziel der Politik, und nur die Furcht vor einer Ruhestörung vermochte ihm einen tapferen Entschluss zu entreißen. Ewige Zersplitterung Deutschlands, also dass die souveränen Kleinkönige freiwillig bei Österreich Schutz suchten gegen Preußen und „den höchstgefährlichen Gedanken der deutschen Einheit"; ewige Ohnmacht Italiens, das, wie Lord Castlereagh den klagenden Piemontesen trocken erwiderte, um der Ruhe Europas willen immer geteilt bleiben musste und in den Augen der Hofburg nur ein geographischer Name war; Frankreich bewacht durch eine Reihe friedfertiger Mittelstaaten, die vom Terel[7] bis zum Ligurischen Meere hin den gefährlichen Staat umgeben und von jeder Berührung mit den Großmächten absperren sollten; Russland im Zaume gehalten durch das gesamte Europa, das die Türken unter seinen Schutz nahm; die Revolution zerschmettert durch den vereinten Widerstand der Höfe, wo und wie sie sich auch zeigte: in solchen Formen etwa stellte sich Metternich das neue von Österreich geleitete Europa vor. Es war ein System der Seelenangst, die Ausgeburt eines ideenlosen Kopfes, der von den treibenden Kräften der Geschichte nicht das mindeste ahnte; aber diese Politik entsprach dem augenblicklichen Bedürfnis der österreichischen Monarchie, sie entsprach der allgemeinen Schlummersucht der ermatteten Welt, und sie ging ans Werk mit gewiegter Schlauheit, mit gründ-

---

6   Polnische Pläne Alexanders: Siehe S.16 oben

7   Texel: Niederländische Nordseeinsel

licher Kenntnis aller gemeinen Triebe der menschlichen Natur; sie verstand sich meisterhaft auf jene kleinen Künste gemütlich lächelnder Verlegenheit, worin von alters her die Stärke der habsburgischen Staatskunst lag.

Unter den fremden Gästen erregten die Engländer das größte Aufsehen. Eine solche Toilette, wie sie die kolossale Lady Castlereagh trug, so altmodisch, grell und abgeschmackt, war den glatten Kontinentalen lange nicht vorgekommen. Die seit Jahren von dem Festlande abgesperrten Insulaner erschienen wie Gestalten aus einer anderen Welt; überall reizten sie den Spott durch die wunderlichen Schrullen ihres Spleens, den Widerwillen durch ihren protzenhaften Übermut. Die gesamte vornehme Welt lachte schadenfroh, als die Wiener Fiakerkutscher einmal das allgemeine Urteil über die britische Bescheidenheit auf dem Rücken des Generals Charles Stewart urkundlich beglaubigten. Erst gegen das Ende des Kongresses traf Wellington ein, endlich ein würdiger Vertreter der großen Seemacht, aber auch er verstand von den deutschen Dingen nicht mehr als seine armseligen Genossen Castlereagh und Eathcart, hielt sich wie diese an die Ratschläge der Österreicher und der Hannoveraner.

Wie anders wusste der Zar sich zur Geltung zu bringen. Er spielte noch gern den schönen jungen Mann, man sah ihn zuweilen Arm in Arm mit den durchlauchtigen jungen Kavalieren von der böhmischen oder der ungarischen Nobelgarde. Dabei bewahrte er doch die salbungsvolle Weihe des Weltheilands und Weltbefreiers; noch nie hatte er so beredt und sanft über die Beglückung des Menschengeschlechts gesprochen. In einer Instruktion, die er von Wien aus an alle seine Gesandten schickte, schlug er einen Ton an, der an die Sprache des „Rheinischen Merkurs" erinnerte: der Sturz Napoleons, sagte er geradezu, sei bewirkt durch den Sieg der öffentlichen Meinung über die

Ansichten der meisten Kabinette; für die Zukunft müsse jedes Volk in den Stand gesetzt werden, selber seine Unabhängigkeit zu verteidigen; darum keine Zerstückelung der Länder mehr und Einführung des Repräsentativsystems in allen Staaten! Und abermals war Alexander in der glücklichen Lage, dass seine weltbefreienden Gedanken mit seinem persönlichen Interesse genau zusammentrafen. Unterwegs hatte er einige Tage in Pulawy, dem prächtigen Schlosse Czartoryskis[8], verweilt und in vollen Zügen die berauschenden Huldigungen der schönen polnischen Damen genossen; nun brachte er seinen sarmatischen Freund mit nach Wien und trat offen auf als konstitutioneller König des neuen Polenreichs.

Nesselrode, der Freund Metternichs, fiel fast in Ungnade; sein Wort galt wenig neben den Ansichten Ezartoryskis und Eapodistrias'. Dieser geistreiche Korfiot verhehlte kaum, dass er den russischen Dienst nur als eine Staffel ansah, um dereinst der Held und Befreier seines griechischen Vaterlandes zu werden; allen geknechteten Völkern brachte er seine begeisterte Teilnahme entgegen, zu allermeist dem unglücklichen Italien, das ihm als die Schicksalsschwester seiner Hellas teuer war.

Die neugegründete Hetärie von Odessa und der Philomusenbund der Athener fanden an ihm einen Beschützer. Bald sah man einige der russischen Herren mit dem goldenen und dem ehernen Ringe der beiden hellenischen Bünde geschmückt, der junge Fürst Ypsilanti warb rührig für die griechische Sache. Auch deutsche Prinzen, Gelehrte und Staatsmänner schlossen sich bereits den Philhellenen an; Haxthausens schöne Sammlung neugriechischer Balladen

---

8   Czartoryski: Adam Georg, 1801 bis 1807 russischer Minister des Auswärtigen; nach der politischen Revolution 1830 in Paris, von den adligen Emigranten als König von Polen betrachtet

ging von Hand zu Hand, erweckte zugleich altklassische Erinnerungen und christlich-romantische Schwärmerei. Wie konservativ die Zeit auch dachte, diesen Großtürken, der soeben die Serben scharenweise schinden, pfählen und rösten ließ, wollten die deutschen Idealisten doch nicht als einen legitimen Fürsten gelten lassen. Metternich sah mit Sorge, dass die gehoffte europäische Gesamtbürgschaft für seinen türkischen Schützling doch noch im weiten Felde lag, und beobachtete mit wachsendem Misstrauen die revolutionäre Gesinnung des Zaren, der auch mit Stein wieder in ein freundliches Verhältnis trat und den Deutschen eine lebensfähige Bundesverfassung wünschte. Ein Unglück nur, dass der Freiherr kein Amt bekleidete; so konnte er wohl allen freimütig ins Gewissen reden, doch in den kritischen Augenblicken der Verhandlungen niemals den Ausschlag geben. Der Anspruchslosigkeit König Friedrich Wilhelms ward das ewige Gepränge bald unausstehlich, er sehnte sich heim zur geordneten Arbeit in seinem ruhigen Schlosse und langweilte sich gründlich auf den rauschenden Festen, kaum dass er schüchtern der schönen Gräfin Julie Zichy ein ganz klein wenig den Hof machte. Seine Meinung über die Unentbehrlichkeit der russischen Allianz stand fest, jedoch wagte er noch nicht den abweichenden Ansichten Hardenbergs und Humboldts ein entschiedenes Nein entgegenzustellen und ließ sich sogar zum täglichen Umgang den erklärten Gegner Russlands, Knesebeck[9], gefallen, der, allzeit eifrig österreichisch, sich wie Metternich für den Sultan begeisterte.

Dem leichtlebigen Staatskanzler behagte das bunte Treiben wohl; er hörte es gern, wenn man ihm unter den älteren, wie dem Fürsten Metternich unter den jüngeren Männern des Kongresses den Preis der Anmut und Lie-

---

9   Knesebeck: 1813 Generaladjutant

benswürdigkeit zuerkannte; seine abnehmenden Kräfte litten sichtlich unter der unablässigen Zerstreuung. Glücklicher wusste Humboldt die Strapazen des Genusses zu ertragen und im Taumel der geselligen Freuden seinen zähen Fleiß zu bewahren. An Geist und Bildung, an Rührigkeit und ehrenhafter Gesinnung gebrach es den preußischen Staatsmännern nicht. Humboldt und die Geheimen Räte der Hardenbergischen Staatskanzlei Stägemann, Jordan, Hoffmann waren, neben Gentz, die besten Arbeitskräfte des Kongresses; sie besorgten fast allein die schwierigen statistischen Berechnungen, welche der Neugestaltung der Karte Europas zur Unterlage dienten, und wurden durch ihre unerbittlichen Zahlen den Fremden oft unbequem, namentlich den Franzosen, die jederzeit mit der Geographie auf gespanntem Fuße gelebt haben. Über den gelehrten Statistiker Hoffmann sagte Talleyrand einmal erbost: „Wer ist denn der kleine Mann da, der alle Köpfe zählt und seinen eigenen verliert?" Aber die Spannkraft des Entschlusses, die aus dem Labyrinth der diplomatischen Ränke einen sicheren Ausweg gefunden hätte, war diesen treuen Arbeitern versagt. Im ganzen trat das kleine Gefolge des Königs, bis auf die Lebemänner Prinz August und Hardenberg, schlicht und ehrbar auf; die lustigen Wienerinnen begriffen gar nicht, warum des Königs Bruder, der schöne vielumworbene Prinz Wilhelm, der doch seinen Löwenmut vor dem Feinde gezeigt hatte, gegen die Damen so mädchenhaft schüchtern war und seiner geliebten Gemahlin gar nicht vergessen wollte.

Den zahlreichsten und buntesten Teil der erlauchten Gesellschaft bildeten natürlich die deutschen Kleinfürsten. Da war keiner, von dem Bayern Max Joseph bis herab zu Heinrich LXIV. von Reuß, der nicht geschäftig um die Gnade der fremden Herrscher warb die Russen erzählten mit unverhohlener Verachtung, welche Berge deutscher durchlauchtiger Bettelbriefe im Kabinett ihres Kaisers aufgeschichtet lagen.

Da war keiner, der nicht seine angemaßte Souveränität als ein unantastbares Heiligtum betrachtete: seit den Verträgen des vergangenen Herbstes fühlte man sich dieses napoleonischen Geschenkes wieder so sicher, dass einer der Kleinsten unbefangen zu Stein sagen konnte: „Ich weiß es wohl, die Souveränität ist ein Missbrauch, aber ich befinde mich wohl dabei." Zu den Souveränen gesellte sich die dichte Schar der Mediatisierten, die noch immer auf die Anerkennung ihres formell unbestreitbaren Rechts hofften, obgleich ihr Schicksal schon in Ried und Fulda[10] entschieden war. Ihr Führer war die Fürstinmutter von Fürstenberg, eine tapfere und kluge Dame; unermüdlich vertrat sie die Interessen ihrer Leidensgenossen, im Verein mit dem Geheimen Rate Gärtner, dem viel verspotteten *surchargé d'affaires*, den sich die Entthronten auf gemeinschaftliche Kosten hielten.

Dazu Abgeordnete aus verschiedenen deutschen Landschaften, die ihre alte Dynastie zurückforderten Freiherr von Summerau und Dr. Schlaar im Auftrage der österreichischen Partei des Breisgaus, eine Deputation aus Düsseldorf, die wieder pfalz-bayrisch werden wollte usw. Nicht minder eifrig verlangten die drei Oratoren der katholischen Kirche Deutschlands, Wamboldt, Helfferich und Schies, die Wiederherstellung der durch den Reichsdeputationshauptschluss vernichteten geistlichen Staaten oder doch mindestens die Herausgabe des geraubten Kirchengutes. Sie standen unter dem Schutze des päpstlichen Gesandten, des gewandten, geistreichen Kardinals Eonsalvi; der Konvertit Friedrich Schlegel, der Neffe Goethes, Rat Schlosser aus Frankfurt, und ein großer an guten Köpfen reicher

---

10 Ried und Fulda: Siehe Anm. 4

Kreis von Klerikalen schlossen sich ihnen an. Aber auch auf dem kirchlichen Gebiete zeigte sich die unendliche Zersplitterung des vielgestaltigen deutschen Lebens. Denn neben diesen Vertretern der römischen Papstkirche erschien der Generalvikar von Konstanz, Freiherr von Wessenberg, noch einer von den milden, aufgeklärten hochadligen Kirchenfürsten des alten Jahrhunderts – *famosus ille* Wessenbergius nannte ihn eine päpstliche Bulle. Der hoffte auf eine deutsche Nationalkirche und dachte seinem Auftraggeber, dem entthronten Großherzog von Frankfurt Dalberg, den Primat Germaniens zu verschaffen. Dazu eine Reihe ehrenfester republikanischer Staatsmänner aus den Hansestädten, an ihrer Spitze der wackere Smidt von Bremen, der während des Winterfeldzugs im Großen Hauptquartiere tapfer ausgehalten und sich durch Klugheit und Zuverlässigkeit allgemeine Achtung erworben hatte; dann Jakob Baruch aus Frankfurt als Vertreter der deutschen Judenschaft; dann der kluge Buchhändler Eotta aus Stuttgart, der mit feiner Spürkraft bereits witterte, dass die Entscheidung der deutschen Dinge in Österreichs Händen lag, und darum seine „Allgemeine Zeitung" der Hofburg zur Verfügung stellte; und so weiter eine unendliche Reihe von Strebern, Horchern und Bittstellern.

Als die eigentlichen Vertreter der *troisième Allemagne*, wie die Franzosen sagten, erschienen die Häupter der Mittelstaaten. Allen diesen Kreaturen Napoleons war das Herz geschwollen von Neid wider das siegreiche Preußen. Das ließ sich doch nicht ertragen, dass der Staat Friedrichs den Deutschen wieder ein Vaterland, wieder ein Recht zu frohem Selbstgefühle gegeben hatte. Herunter mit dem waffengewaltigen Adler in den allgemeinen Kot deutscher Ohnmacht, Zanksucht und Armseligkeit – in diesem Gedanken fanden sich die Satrapen des Bonapartismus behaglich zusammen. Den Staat zu schwächen, der allein das Vaterland verteidigen konnte, schien allen eine selbstverständliche Forderung deutscher Freiheit. Selbst jener bürgerlichste aller Könige, der alltäglich, mit jedermann schäkernd und plaudernd, in den Straßen Wiens umherschlenderte, jener allbekannte gemütliche Herr, der mit seinem derblustigen Wesen bald an einen altfranzösischen Obersten, bald an einen bayrischen Bierbrauer erinnerte, selbst König Max Joseph betrieb den Kampf gegen Preußen mit schwerem Ernst, befahl seinem Bevollmächtigten in Gegenwart der Monarchen, schlechterdings nichts zu unterzeichnen, solange der König von Sachsen nicht wieder eingesetzt sei. Nicht anders dachte sein Sohn, der exzentrische Kronprinz Ludwig, obgleich er zum Ärger des Vaters sich zu den begeisterten Teutonen hielt und gern mit großen Worten von teutschen Sinnes teutschester Bewährung sprach.

Ungleich herausfordernder trat der württembergische Despot auf. Als Senior hatte er unter den gekrönten Häuptern überall den Vortritt und schloss daraus mit dem naiven Dünkel des deutschen Kleinfürstenstandes, dass er nun wirklich der Vornehmste von allen sei, gab stets die reichsten Trinkgelder, um die Großmächtigkeit der neuen Schwabenkrone zu erweisen, bemühte sich in Worten und Gebärden dem gefallenen Imperator nachzuahmen, soweit sein ungeheurer Leibesumfang dies erlaubte, bekundete s einen Ingrimm über den Untergang der rheinbündischen Herrlichkeit ungescheut in rohen Zornreden. Auch sein Thronfolger war wie der bayrische ein Gegner der bonapartistischen Gesinnung des Vaters. Ein rastloser Ehrgeiz arbeitete in der Seele dieses Kronprinzen Wilhelm; da er sich in dem letzten Winterfeldzuge als ein tapferer und geschickter Offizier gezeigt hatte, so hoffte er auf das Generalat der deutschen Bundesarmee. Seine Geliebte, die geistreiche Großfürstin Katharina, bestärkte ihn in seinen stolzen Träumen;

das junge Paar verstand einen solchen Nimbus geistiger Größe um sich zu verbreiten, dass selbst nüchterne Männer meinten, von dem Stuttgarter Hofe werde dereinst ein neues Zeitalter über Deutschland ausgehen. Man überschätzte den Prinzen allgemein, und manche sahen in ihm schon den künftigen deutschen Kaiser; von den so ungleich größeren Leistungen der preußischen Generale wollte der deutsche Partikularismus schon nichts mehr hören.

Unter Staatsmännern solchen Schlages musste bald der Einfluss des Mannes fühlbar werden, der von allen Diplomaten des Kongresses der gewandteste, von allen Gegnern Preußens der entschlossenste war: des Fürsten Talleyrand. Unerschütterliche Sicherheit des Auftretens ist auf dem glatten Boden des Salons von jeher noch siegreicher gewesen als verbindliche Liebenswürdigkeit. Wenn Metternich und Hardenberg durch anmutig gewinnende Formen große Erfolge in der vornehmen Gesellschaft errangen, so wirkte Talleyrands zynische Schamlosigkeit noch unwiderstehlicher. Welch ein Eindruck, wenn die unförmliche Gestalt, angetan mit der altmodischen Tracht aus den Zeiten des Direktoriums, sich schwerfällig auf ihrem Klumpfuß in den glänzenden Kreis des Hofes hineinschob: dicht über der hohen Halsbinde ein ungeheurer Mund mit schwarzen Zähnen; kleine tiefliegende graue Augen ohne jeden Ausdruck; abschreckend gemeine Züge, kalt und ruhig, unfähig, jemals zu erröten oder die innere Bewegung zu verraten. Eine durchaus mephistophelische Erscheinung; in Hardenbergs Tagebuch heißt er stets: Talleyrand Bocksfuß. Die Damen lauschten ergötzt, wenn er ihnen mit faunischem Lächeln eine zweideutige Bemerkung oder ein boshaftes Witzwort zuwarf; auf die Fragen der Diplomaten gab er mit unverwüstlich kaltblütigem Phlegma salbungsvolle Antworten. Unsaubere Gewohnheiten, die man bei jedem anderen plebejisch genannt hätte, galten bei ihm als originell; der vornehme Herr aus dem uralten Hause der Fürsten von Perigord, das Orakel aller Feinschmecker des Weltteils, der gründlichste Kenner der Höfe gab sich selber die Gesetze des guten Tons. Er hatte sie alle kommen und gehen sehen, die Eintagshelden einer wirrenreichen Zeit; er kannte die Marquis des alten Regimes, wie die Redner der Revolution und die Glückskinder des Kaiserreichs. Er hatte den kleinen deutschen Souveränen bis ins innerste Herz geblickt, als er die Ländervertauschung der rheinbündischen Politik besorgte, immer bereit, das Gold aus jedermanns Hand zu nehmen, aber auch gutmütig, ergebenen Freunden gefällig, tiefdurchdrungen von der Wahrheit, dass eine Hand die andere waschen muss. So war er fast allein von den Zeitgenossen des alten Regimes immer obenan geblieben auf den Speichen des Glücksrades und rühmte sich gern, die hinkende Schildkröte sei doch schneller zum Ziele gekommen als der napoleonische Hase. Geschickt wusste er die Meinung zu verbreiten, als ob er zu jedem Erfolge Napoleons geholfen, jeden Missgriff des Kaisers widerraten hätte.

Er besaß jene gemessene Haltung und sichere Menschenkenntnis, die den hochadligen Kirchenfürsten des 18. Jahrhunderts eigentümlich war, und galt zudem für eingeweiht in alle persönlichen Geheimnisse der vornehmen Welt. Jeder Partei war er dienstbar gewesen; in dem berühmten „Wörterbuch der politischen Wetterfahnen" behauptete sein Name unbestritten den ersten Platz. Gleichmütig, wie er einst als Bischof für das Heil des freien Frankreichs gebetet, stand er jetzt als Oberkammerherr hinter dem Stuhle des legitimen Königs und schwenkte die Oriflamme bei dem Krönungsfeste der Bourbonen; „ich habe stets die Erfahrung gemacht," sagte er würdevoll, „dass noch jedes System, von dem ich abfiel, bald nachher zusammenbrach." Im Grunde des Herzens ist er doch immer ein eingefleischter Aristokrat geblieben. Darum wünschte er von jeher einen Bund mit den alten Mächten Österreich und England, denn mit dem stolzen Adel dieser Länder ließ sichs leben; das Regiment der russischen Emporkömmlinge und vollends die bürgerlich-soldatische Schlichtheit des preußischen Staates war ihm verächtlich.

Also konnte er zu Wien mit innerem Behagen die Rolle spielen, welche ihm durch die Interessen seines Hofes auferlegt wurde. Er trat auf als der Wortführer der rechtmäßigsten aller Dynastien, schilderte prahlerisch, wenige Monate vor den hundert Tagen, wie unerschütterlich fest die Macht seines Königshaus stehe, wie jedes bedrängte Recht an den Bourbonen einen sicheren Anker finde, und erfreute die Gedankenarmut der dynastischen Politik sogleich durch das geschickt erfundene Stichwort „Legitimität". Mit feierlicher Salbung verkündete er sofort die drei schon in seiner Instruktion bezeichneten Hauptziele der bourbonischen Staatskunst: Beseitigung „des Menschen, der in Neapel herrscht" – der Name Murats kam niemals über Talleyrands keusche Lippen –, Abwehr der russischen Übergriffe in Polen, endlich und vor allem Wiedereinsetzung des Königs von Sachsen. In dem sächsischen Handel erkannte der Franzose scharfblickend den Keil, der die Koalition zersprengen musste; pathetisch nannte er die Sache Friedrich Augusts „die Sache aller Könige" und beklagte das unglückliche Europa, dessen öffentliches Recht durch Preußens und Russlands Gewalttaten so schwer bedroht sei.

Schon die formelle Leitung einer so vielköpfigen und buntscheckigen Versammlung bot die größten Schwierigkeiten, zumal da ihre führenden Männer meistenteils nur als bescheidene Gehilfen der Monarchen auftreten durften. Da Russland und Österreich die Entscheidung aller

Streitfragen geflissentlich auf den Kongress verschoben hatten, so waren die großen Mächte vorläufig noch über gar nichts einig, nicht einmal über die Frage, wer an den Beratungen teilnehmen dürfe.

Daher konnte weder jemals eine förmliche Eröffnung des Kongresses stattfinden noch eine gemeinschaftliche Sitzung aller seiner Mitglieder noch endlich eine Prüfung der Vollmachten; nur wenn ein Sondervertrag unterzeichnet wurde, tauschten die Unterhändler unter sich ihre Beglaubigungen aus.

Um doch einige Ordnung in dies Chaos zu bringen, traten die Minister der vier verbündeten Großmächte schon in der Mitte Septembers, noch vor Ankunft der Franzosen, zu Vorberatungen zusammen. Die preußischen Staatsmänner wahrten eifersüchtig die neugewonnene Großmachtstellung ihres Staates; antifranzösisch von Grund aus, bekämpften sie zugleich die Napoleoniden und verlangten strenge Ausführung jenes geheimen Artikels, der den Bourbonenhof von allen Gebietsverhandlungen ausschloss. Aus beiden Gründen suchten sie die kleinen Staaten den wichtigeren Beratungen fern zu halten, da die Teilnahme der Mindermächtigen unfehlbar den Einfluss Frankreichs verstärken musste. In solchem Sinne entwarf Humboldt den Plan einer Geschäftsordnung, den er dem „Komitee der Vier" überreichte.

Der Kongress, hieß es hier, ist kein Friedenskongress, da der Friede längst geschlossen, auch keine beratende Versammlung Europas, da Europa kein konstituiertes Ganzes bildet, sondern er hat eine Mehrzahl verschiedener Geschäfte zu erledigen, die auch auf verschiedene Weise behandelt werden müssen: Gebietsfragen, besondere Angelegenheiten und solche Einrichtungen, die für den ganzen Weltteil wichtig sind. Von den Gebietsfragen bleibt die polnische, nach den Verträgen, allein den drei Teilungsmächten vorbehalten, doch soll England eine allen Teilen willkommene Vermittlung übernehmen. Die allgemeinen Grundsätze über die Verteilung der deutschen Gebiete werden, gemäß dem Pariser Frieden, von den vier Mächten allein aufgestellt; Frankreich, Holland, Dänemark und die Schweiz sind fern zu halten, weil sie nicht von dem europäischen Standpunkte ausgehen, auch Bayern und Württemberg dürfen erst am Schlusse der Beratungen zugezogen werden. Die italienische Gebietsverteilung unterliegt den Beratungen zwischen Österreich, Piemont, dem Papste, den Bourbonen von Sizilien und ihrem Schirmherrn England; Murat bleibt ausgeschlossen. Unter den „besonderen Angelegenheiten" steht die deutsche Verfassungsfrage obenan; sie wird allein durch die deutschen Staaten entschieden, mit Zuziehung von Dänemark – wegen Holstein –den Niederlanden, die ganz oder teilweise beitreten müssen, und der Schweiz, denn ein ewiges Bündnis zwischen dem Deutschen Bunde und der Eidgenossenschaft „wäre im höchsten Grade wünschenswert". So bleiben für die Beratungen aller Mächte nur übrig einige gemeinsame Angelegenheiten, nämlich: die Verfassung der Schweiz, da dort ein Bürgerkrieg droht; die neapolitanische Sache: – der nicht von allen Mächten anerkannte Gewalthaber dort muss beseitigt werden; die Entfernung Napoleons aus Elba: – dieser Feuerbrand darf nicht in so drohender Nähe bleiben; endlich die Abschaffung des Sklavenhandels, die Regelung der internationalen Flussschiffahrt und die Rangordnung der Diplomaten. Diese allgemein-europäischen Angelegenheiten werden von einem leitenden Komitee bearbeitet und dann dem gesamten Kongresse vorgelegt.

Die preußischen Vorschläge fanden sofort lebhaften Widerspruch, obgleich sie sich streng auf dem unzweifelhaften Rechtsboden des Pariser Vertrages hielten. Talleyrand hatte längst dafür gesorgt, dass man in der Hofburg von seiner geheimen Instruktion Kunde erhielt, und die Österreicher erkannten dankbar, welche löblichen Grundsätze der Tuilerienhof hinsichtlich der sächsischen und der polnischen Frage hegte. Sie fanden es jetzt höchst unbillig, Frankreich von irgendeinem wichtigen Teile der Verhandlungen auszuschließen. Lord Castlereagh stimmte ihnen zu; denn das Verhältnis zwischen den Höfen von Paris und London war inzwischen immer freundlicher geworden, und soeben erst, auf der Reise nach Wien, hatte sich Castlereagh nochmals in den Tuilerien ausgehalten. König Ludwig schätzte die Welfen sogar höher als die Lothringer, da diese sich doch durch das Ehebündnis mit dem Korsen eines unverzeihlichen Frevels gegen die Legitimität schuldig gemacht hatten. Nur Russland hielt zu Preußen. So stand man denn ratlos, zwei gegen zwei, und einigte sich endlich (23. September) über einen unglücklichen Mittelweg. Man beschloss: die deutschen Verfassungssachen werden von einem Ausschuss der fünf deutschen Königshöfe, alle europäischen Angelegenheiten von den vier verbündeten Großmächten und den beiden bourbonischen Mächten (Frankreich und Spanien) bearbeitet; jedoch blieb der Plan der Gebietsverteilung, nach der Pariser Abrede, zunächst den vier Mächten vorbehalten, diese sollten dann ihre Vereinbarungen an Frankreich und Spanien mitteilen und zuletzt auch die kleinen Höfe zur Äußerung auffordern.

Offenbar gewährte dies Kompromiss den Franzosen die Handhabe, alles bisher Beschlossene wieder umzuwerfen, und der mittlerweile eingetroffene Talleyrand säumte nicht, den Fehler zu benutzen. Als der französische Minister und sein ergebener Freund Don Labrador, der Gesandte der spanischen Bourbonen, am 30. September in das Komitee der Vier geladen wurden, um den Beschluss der vier Mächte entgegenzunehmen, da feierte Talleyrands eiserne Stirn einen glänzenden Triumph. Mit unvergleichlicher Dreistigkeit, als sei der geheime Artikel des Pariser Friedens gar nicht vorhanden, forderte der Franzose die Teilnahme aller Staaten an allen Verhandlungen des Kongresses, brachte die Minister der vier Mächte durch tönende Phrasen von der Heiligkeit des öffentlichen Rechtes dermaßen in Verwirrung, dass die Sitzung ohne Ergebnis aufgehoben wurde. Keiner der anderen Gesandten besaß Geistesgegenwart genug, um durch eine kühle Berufung auf den Pariser Frieden die vertragswidrige Anmaßung des Franzosen schon an der Schwelle abzuweisen. Hardenberg konnte schon wegen seiner unglücklichen Taubheit bei solchen unerwarteten Überfällen nicht leicht das rechte Wort-finden. Humboldt aber und der russische Bevollmächtigte sind auf eine so freche Verhöhnung der kaum erst unterzeichneten Verträge offenbar nicht gefasst gewesen. Castlereagh und Metternich endlich hatten bereits selber, durch ihre geheimen Verhandlungen mit dem Tuilerienhofe, den Pariser Frieden gebrochen.

In einem theatralisch gefärbten Berichte, der Wort für Wort darauf berechnet war, die Überlegenheit seines Verfassers in helles Licht zu rücken, meldete Talleyrand seinem Könige den erfochtenen Sieg; zu seinen rheinbündischen Freunden aber sagte er stolz: *„J'ai su m'asseoir."*

Einen durchschlagenden Erfolg errang der Franzose vorerst noch nicht. Er beantragte in den folgenden Sitzungen alle Souveräne, die nicht förmlich abgedankt, also auch Friedrich August von Sachsen sollten zum Kongresse zugelassen und sodann durch die Gesamtheit der Staaten eine Reihe von Ausschüssen eingesetzt werden. Beide Anträge fielen; sie bekundeten doch gar zu deutlich die Absicht, dem französischen Hofe als dem Gönner der Kleinstaaten die Führung des Kongresses zu verschaffen. Endlich ward beschlossen, aus den acht Mächten, welche den Pariser Frieden unterzeichnet, ein leitendes Komitee zu bilden. Dieser Ausschuss der Acht war der amtliche Kongress, doch er ward nur sehr selten und lediglich der Form halber versammelt, da drei Von den *puissances signatrices* in der Staatengesellschaft nur noch wenig bedeuteten. Zunächst hatte Talleyrand lediglich erreicht, dass alles formlos und haltlos durcheinander wogte. Ohne nach dem Komitee der Acht zu fragen, begannen die vier alliierten Großmächte unter sich vertrauliche Unterredungen über die polnische Frage.

Wie mächtig hatte sich doch in wenigen Tagen Talleyrands Ansehen gehoben! Als er ankam, wurde er in den Salons ängstlich gemieden, desgleichen sein Amtsgenosse, der Herzog von Dalberg, der als ein Überläufer bei allen Deutschen in schlechtem Rufe stand; nur der gutmütige Gagern nahm sich der Verlassenen an. Jetzt suchten die Diplomaten den gewandten Franzosen eifrig auf, am eifrigsten natürlich die bedrängten Sachsen. Höchstwahrscheinlich hat er wie Metternich von dem sächsischen Hofe große Geldsummen erhalten. Das galt in diesen Kreisen für durchaus unverfänglich; verzeichnete doch Gentz in seinen Tagebüchern mit der Ruhe des guten Gewissens die Summen, die ihm von der französischen Gesandtschaft bezahlt wurden, Talleyrands geheimer Verkehr mit dem gefangenen Könige war den preußischen Staatsmännern wohl bekannt, und umsonst pflegte er seine Freundschaftsdienste nicht zu leisten. Ein urkundlicher Beweis für die Bestechung wird sich allerdings wohl niemals führen lassen, denn die Rechnungen der sächsischen Schatulle sind späterhin auf Befehl des Königs von Sachsen, und sicherlich aus guten Gründen, verbrannt worden. Übrigens hat die ganze Frage nur für die Skandalsucht oder die moralisierende Kleinmeisterei irgendwelche Bedeutung, nicht für das ernste historische Urteil. Talleyrands Bestechlichkeit ist allbekannt, wird selbst von seinem Lobredner Hans von Gagern nicht in Abrede gestellt; gleichgültig also, wie oft und von wem er sich bezahlen ließ.

Dem sächsischen Hofe aber gereicht nur zur Schande, dass er die alte Politik des Landesverrates weiterführte; ob er dafür auch Geld aufwendete, tut nichts zur Sache. Auf den Verlauf des Kongresses sind diese schmutzigen Händel ohne jeden Einfluss geblieben; nicht das albertinische Gold, sondern das richtig erkannte Interesse ihres eigenen Staates bestimmte die Haltung der österreichischen wie der bourbonischen Staatsmänner. Der französische Gesandte in Berlin äußerte unverhohlen zu jedermann: Friedrich August ist Frankreichs treuester Verbündeter gewesen, wir dürfen ihn nicht verlassen.

Zugleich spielte Talleyrand den großmütigen Beschützer aller deutschen Souveräne. Die kleinen Herren waren allesamt in übler Stimmung; Gebietsvergrößerungen standen zu Wien nicht in Aussicht, und das natürliche Übergewicht der großen Mächte machte sich schwer fühlbar.

Meisterhaft verstand Talleyrand diesen Groll der Mittelstaaten zu schüren; das gesamte öffentliche Recht schien ihm in Frage gestellt, wenn die Kronen von Bayern und Württemberg bei der Neuordnung Europas nicht ebenso vollberechtigt mitsprächen wie Preußen oder Russland. So hob er binnen kurzem seinen gedemütigten Staat wieder empor zu der althistorischen Führerstelle an der Spitze der deutschen Kleinstaaten. Mit gutem Grunde priesen die Franzosen ihren geschickten Unterhändler. König Ludwig überhäufte ihn mit Lob und fühlte sich vollends befriedigt, als der Minister hochpathetisch schrieb: es scheine doch sehr unziemlich, dass man hier in Wien drei oder vier Könige und eine Menge von Prinzen auf dem Balle eines Privatmannes versammelt finden könne; „man muss nach Frankreich gehen, um das Königtum in jenem Glanze und jener Würde zu sehen, welche es in den Augen der Völker zugleich erhaben und liebenswert erscheinen lassen!" Zar Alexander aber sagte: „Talleyrand spielt hier den Minister Ludwigs XIV." – ein treffendes Wort, das seitdem oftmals auf die neufranzösische Politik angewendet worden ist.

Kaum vierzehn Tage nach jener stürmischen Sitzung hatte sich Gentz[11] schon völlig mit dem dreisten Franzosen ausgesöhnt. Auch der Zar ließ den gefährlichen Gegner mehrmals zu geheimen Unterredungen über Polen rufen und gab ihm dadurch selber das Recht, sich in die polnischen Händel einzumischen. Vor allen die deutschen Kleinstaaten umdrängten dienstbeflissen den hochherzigen Mann, der die Gleichberechtigung von Russland und Schwarzburg-Sondershausen so nachdrücklich verfocht. Das siegreiche Deutschland erlebte die Schmach, dass sein hoher Adel sich abermals, wie einst in den Tagen unserer Niederlagen, um die Gunst eines französischen Subalternbeamten bewarb. Wie die kleinen Herren im Jahre 1803 zu Matthieu, drei Jahre darauf zu dem alten Pfeffel als Bittsteller gezogen waren, so schlichen sie jetzt in das bescheidene Stübchen zu Talleyrands vertrautem Rate, demselben La Besnardiere, der schon vor sieben Jahren in Posen sich in den Künsten deutscher Vaterlands-Gründung geübt hatte. Am lautesten lärmten die Bayern; mit Montgelas[12] hatte Talleyrand bereits auf der Reise, in Baden eine Besprechung gehalten. Selbst Karl August von Weimar erhob sich nicht über das Gefühl vetterschaftlicher Teilnahme und zog sich erst spät von den Albertinern zurück, als er die unsauberen Hintergedanken der sächsischen Partei durchschaute. Geschäftig trugen die französischen Unterhändler allerhand übermütige Äußerungen hin und her, die

---

11 Gentz: Früher preußischer Kriegsrat, seit 1802 in österreichischem Dienst politischer Schriftsteller und Vertrauter Metternichs

12 Montgelas: Bayrischer Minister

angeblich im preußischen Heere laut geworden. Die Pariser Zeitungen erzählten, „das anmaßende Benehmen der preußischen Generale in Wien" habe selbst die wärmsten Freunde des ländergierigen Staates abgestoßen, während doch von allen namhaften preußischen Generalen allein der gemessen bedachtsame Knesebeck anwesend war.

Die von späteren Historikern nachträglich gegen Preußens sächsische Pläne erhobenen Einwände kamen im Jahre 1814 niemandem in den Sinn. Uns Heutigen erscheint es als ein schwächlicher Gedanke, dass man den gefangenen König nicht einfach entthronen, sondern anderswo mit Land und Leuten entschädigen wollte; aber diese Entschädigung verstand sich nach der Gesinnung jener Tage von selbst, ohne sie wäre der preußische Plan den anderen Höfen noch viel ruchloser erschienen.

Ein Gelehrter von heute mag wohl finden, Friedrich August sei kaum schuldiger gewesen als der mit Gnaden überhäufte König von Bayern; Max Joseph selber jedoch und sein Talleyrand haben solche Gründe zur Entschuldigung ihres sächsischen Schützlings begreiflicherweise nie ausgesprochen. Auch an die angeblichen Verdienste der Wettiner um Deutschlands Gesittung dachten die nüchternen Geschäftsmänner in Wien niemals. Der Parteigegensatz, der dort heraustrat, war ungleich einfacher. Auf der einen Seite stand der Wunsch der jungen deutschen Großmacht, ihrem zerrissenen, bedrohten Gebiete eine haltbare Südgrenze zu verschaffen und zugleich der landesverräterischen Gesinnung der Rheinbundshöfe eine heilsame Warnung zu geben; auf der anderen Seite der uralte Hass Österreichs und Frankreichs gegen den Staat, in dem man dunkel den Hort der deutschen Einheit ahnte, und der dynastische Neid der kleinen Höfe. Das wettinische Haus war ein „Haus" wie das wittelsbachische und württembergische auch, und in der Wahrung der Hausmacht gingen alle Gedanken der kleinen Herren auf. Talleyrand verstand binnen kurzem alle die Kräfte des Widerstandes um sich zu sammeln und verhehlte nicht, dass ihm das Los Friedrich Augusts weit näher am Herzen lag als das Schicksal Polens.

Der „Rheinische Merkur" schrieb warnend: in den bourbonischen Lilien sind noch immer die napoleonischen Bienen und Wespen verborgen. Jenes große europäische Bündnis, das sich um Frankreichs Banner scharte, gibt den sächsischen Händeln eine weit über den Wert des streitigen Landes hinausgehende historische Bedeutung. Der preußische Staat erfuhr abermals, wie zur Zeit der Schlesischen Kriege, dass die weite Welt ihn zu bekämpfen einig war.

Der Gefangene von Friedrichsfelde[13] spielte unterdessen nicht ungeschickt und sicherlich in gutem Glauben die Rolle der tiefgekränkten Unschuld. Er war sein Leben lang gewissenhaft auf dem Boden des positiven Rechts geblieben und hatte, solange das heilige Reich bestand, seine reichsfürstlichen Pflichten genau erfüllt. Der Gedanke aber, dass auch ein souveräner König von Sachsen sich gegen Deutschland versündigen könne, blieb diesem Kopfe unfassbar. Im Sommer 1814 ließ er dem Zaren eine Denkschrift überreichen; sie zählte in vollem Ernst die Entschädigungen auf, welche Sachsen von Preußen zu verlangen habe! Der König ohne Land forderte von dem Sieger großmütig nur den Beeskow-Storkower Kreis, einige preußische Enklaven und Begünstigungen für den sächsischen Handel; außerdem Ersatz für Warschau. Wie läppisch dies Machwerk erscheinen mochte, es bildete doch den passenden Übergang zu einer zweiten Denkschrift, die im Juli zu Nürnberg mit Genehmigung der bayrischen Regierung gedruckt wurde. Mit dem äußersten Erstaunen, heißt es

---

13   Friedrichsfelde: Siehe Anm. 5

hier, habe der König das Gerücht vernommen, dass die Alliierten ihm sein Erbland vorenthalten wollten; er würde fürchten, die hohen Mächte zu beleidigen, wenn er solcher Verleumdung irgend Glauben schenkte. Darauf wird das Verhalten des sächsischen Hofes gerechtfertigt, alle Schuld auf die *force prépondérante* geschoben – so hieß der Große Alliierte jetzt – und mit der ganzen stillvergnügten Naivität des deutschen Kleinfürstentums die treffende Wahrheit ausgesprochen: „Nur große Staaten können ihren Ansichten treu bleiben." Friedrich August erklärte sodann allen Höfen, dass er niemals in eine Abtretung willigen werde, und rief in einem eigenhändigen Briefe (19. September) die Hilfe Ludwigs XVIII an. Sein Gesandter in Wien, Graf Schulenburg, fand zwar keinen Zulass zu den amtlichen Verhandlungen des Kongresses, und in den Beratungen des deutschen Verfassungsausschusses wurde das Königreich Sachsen als nicht mehr vorhanden angesehen. Doch Wrede trug dem Sachsen dienstbereit alles Wissenswerte zu. Zugleich verhandelte Prinz Anton insgeheim mit seinem Schwager, dem Kaiser Franz; der Sachse Langenau war der nächste Vertraute von Gentz. Die Sache der Albertiner gewann täglich an Boden.

Auch im sächsischen Volke stand es anders, als der Staatskanzler wähnte. Mehrere einsichtige Männer vom Adel schlossen sich dem Generalgouvernement des Fürsten Repnin an, so Carlowitz, Miltitz, Oppell, Vieth, auch einige höhere Beamte wie der Freund Schillers, der Vater von Theodor Körner; mit ihrer Hilfe hat die russische Verwaltung sehr segensreich gewirkt, binnen kurzem eine Menge verrotteter Missbräuche aus dem kleinen Staate hinausgefegt. Im gebildeten Bürgertum bestand eine kleine preußische Partei, die Leipziger Kaufleute waren längst verstimmt wider das Adelsregiment. Aus diesen befreundeten Kreisen entnahmen Stein und Hardenberg ihre hoffnungsvolle Ansicht von der Stimmung des Landes. In Wahrheit verharrte die Masse des Volkes in tiefer Abspannung. Sie war erschöpft von den Drangsalen des Krieges, durch die Alleinherrschaft des Adels von allem politischen Denken entwöhnt; man betrachtete, wie alle Deutschen jener Zeit, das angestammte Fürstenhaus als ein unentbehrliches Kleinod des engeren Vaterlandes, doch man blieb vorerst still und gleichmütig. An dem regen Federkriege, der den diplomatischen Kampf um Sachsens Zukunft begleitete, haben bloß zwei namhafte Sachsen teilgenommen: Karl Müller schrieb für die preußische Ansicht, Kohlschütter als Vertreter des untertänigen Beamtentums. Nur eine Partei entfaltete eine rührige Tätigkeit: die Oligarchen vom Hofadel. Sie beherrschten das Land seit Jahrhunderten, die starke Hand des preußischen Königtums drohte sie in die Reihen der gemeinen Untertanen hinabzudrücken. Der Hofadel und die hohen Beamten hielten, solange der Krieg währte, mit den zahlreichen französischen Gefangenen, die sich in Dresden umhertrieben, vertraute Freundschaft; sie ließen die sächsischen Truppen in den Rheinlanden durch ihre Sendboten bearbeiten, standen mit den befreundeten Diplomaten zu Wien in lebhaftem Verkehr und wussten, des Herrschens gewohnt, das zahme Völkchen daheim nach und nach dermaßen einzuschüchtern, dass sich bald die große Mehrheit des Volks in dem Rufe vereinigte: „Wir wollen unseren König wieder." Man begann, die trefflichen Männer an der Spitze der provisorischen Verwaltung als Überläufer zu verleumden. Noch vor wenigen Jahren[14] lebte im Armenhause zu Wahren ein alter Mann, der im Volksmunde der Verräter hieß; er hatte während des blutigen Kampfes um Möckern einem preußischen Bataillon einen versteckten Fußweg gewiesen.

---

14   d.h. vor 1879

Das Bild der jüngsten Ereignisse verschob sich allmählich in dem Gedächtnis des Volks; die Sünden des Königs waren vergessen, der Übergang der Truppen während der Leipziger Schlacht erschien bald schlechtweg als eine schimpfliche Fahnenflucht. Eine Teilung des Landes wünschte man freilich noch weniger als die Einverleibung in den preußischen Staat; man berief sich auf den Zaren, der den klagenden Deputationen aus Sachsen wiederholt „die Integrität ihres Landes" zugesichert hatte. Die politische Urteilslosigkeit der Masse erkannte nicht, dass diese Integrität nur möglich war, wenn der alte König nicht wiederkehrte. Die günstigen Nachrichten aus Wien verstärkten jene maßlose Selbstüberschätzung, die zum Wesen der Kleinstaaterei gehört; man erwartete gemütlich, ganz Europa werde die Waffen ergreifen, um dem gefangenen Albertiner das letzte seiner Dörfer zurückzugeben. Bei den Führern der partikularistischen Partei reichte allerdings die Einsicht weiter, doch sie wollten lieber in einem verkleinerten Sachsen die alte Adelsherrlichkeit fortführen, als dem gemeinen Rechte des preußischen Staates sich unterwerfen. Der Generalgouverneur Fürst Repnin schrieb nach der Katastrophe an seinen Gehilfen, den geistreichen Staatsrat Merian, scharf und treffend: „Ich klage die hohen Beamten an, die ganz ebenso wie ich überzeugt waren, dass die Rückkehr des Königs nicht ohne die Zerreißung ihres Vaterlandes stattfinden konnte. Diese selbstsüchtigen Menschen haben lieber das Unglück ihres Vaterlandes bewirken als ihre persönlichen Vorteile verlieren wollen. Die Sachsen wollten ihren Fürsten wieder haben und gaben durch ihr Betragen eine moralische Unterstützung den Absichten jener Mächte, welche die Teilung Sachsens für vorteilhaft hielten." So lagen die Dinge, als die vier Mächte ihre formlosen Verhandlungen über Polen begannen. Hardenberg wollte noch immer nicht sehen, dass seine sächsischen Hoffnungen rettungslos zuschanden werden mussten, wenn er in den polnischen Händeln mit Österreich und England Hand in Hand ging. Entweder wich der Zar vor dem vereinten Widerstande der drei Höfe zurück: dann wurde die preußische Krone durch ihre getreuen Verbündeten wieder mit jenem polnischen Besitze beladen, den sie selber als eine verderbliche Last ansah[15], und verlor damit jeden Anspruch auf eine Entschädigung in Sachsen. Oder beide Teile bequemten sich zu einem Vergleiche – und dieser Ausgang war der wahrscheinlichere, da weder Österreich noch England in jenem Augenblicke einen Krieg wünschte: dann war mit Sicherheit vorauszusehen, dass Alexander, erbittert über Preußens Widerstand, die sächsischen Ansprüche des preußischen Hofes nicht mehr unterstützte; von allen Seiten preisgegeben, hätte unser Staat, wenn er nicht einen Kampf gegen ganz Europa wagen wollte, sich mit einem Landstrich an der Warthe und etwa mit einigen Stücken der Lausitz begnügen müssen. So einfach stand die Rechnung. Für Metternich ergab sich zunächst die Aufgabe, den Staatskanzler über den untrennbaren Zusammenhang der polnischen und der sächsischen Sache zu täuschen, die Lösung der sächsischen Frage hinauszuschieben und vorderhand mit Preußen und England vereint den Plänen Alexanders zu widersprechen; dann war das Bündnis zwischen Russland und Preußen gesprengt und die Demütigung der norddeutschen Großmacht sicher. Die Falle war erstaunlich plump. Schon im September schrieb Gentz hoffnungsvoll an Karadja: wenn es nur gelinge, die Vergrößerung Russlands im vormals preußischen Polen zu ermäßigen, so falle der einzige Grund für die Einverleibung Sachsens hinweg!

---

15 Polnischer Besitz: Die Erwerbungen von 1793 und 1795, durch die Preußens Hauptländermasse im Osten lag

In der Tat wurde die Aufmerksamkeit der preußischen Staatsmänner fast gänzlich durch die polnischen Angelegenheiten in Anspruch genommen. Die Generale verlangten einmütig eine militärisch haltbare Ostgrenze. Humboldt forderte, dass Preußen für das bedrohte Gleichgewicht Europas eintrete. Stein sagte dem Zaren mit genialer Sicherheit voraus, dass die Errichtung eines polnischen Königreiches unter russischem Zepter entweder zur Losreißung von Russland oder zur gänzlichen Unterwerfung der Polen führen werde. In Hardenbergs Umgebung ließen sich auch beredte Freunde der Polen vernehmen: so der liebenswürdige Fürst Anton Radziwill und der Geheimrat Zerboni, ein geistreicher Liberaler und schwärmerischer Bewunderer der sarmatischen Freiheit. Dem Staatskanzler selber schien das Vorrücken Russlands gegen Westen weniger gefährlich als die Wiederherstellung des Königreichs Polen und die drohende polnische Propaganda. Alle diese Bestrebungen, grundverschieden unter sich, trafen doch zusammen in dem Gedanken, dass man Alexanders Pläne bekämpfen müsse; die Frage, wie dann Preußens eigene Ansprüche zu sichern seien, ward noch kaum ernstlich aufgeworfen.

Der Zar war in Petersburg über den einmütigen Widerspruch seines gesamten Hofes doch etwas erschrocken und begann zu zweifeln, ob er die Vereinigung Litauens mit Polen seinen Russen zumuten dürfe; indes an der Wiederaufrichtung des polnischen Königtums hielt er hartnäckig fest. In Wien trat er sogleich offen heraus mit dem Vorschlage, dass ganz Warschau bis zur Prosna, mit Einschluss von Thorn und Krakau, als ein selbständiges Königreich dem Zarenhause überlassen werden sollte. Zugleich unterstützte er auf das wärmste die Ansprüche Preußens auf Sachsen und verpflichtete sich schon am 28. September durch einen förmlichen Vertrag, die Verwaltung des Landes sofort an Preußen zu übergeben. Auch in der deutschen Verfassungsfrage befürwortete er nachdrücklich die preußischen Pläne; er verhehlte nicht, wie tief er die Selbstsucht der rheinbündischen Höfe verachtete, und vermied doch klug jede zudringliche Einmischung. Auch Kapodistrias wünschte lebhaft die Befestigung des Deutschen Bundes, und der jüngere Alopeus, Alexanders Gesandter in Berlin, war ein feuriger Bewunderer des preußischen Waffenruhms. Kurz, Russlands Haltung gegen Preußen blieb durchaus freundschaftlich, obgleich Preußen sich noch in keiner Weise verpflichtet hatte, die polnischen Absichten des Zaren zu unterstützen. Unabweisbar drängt sich die Vermutung auf, dass Hardenberg durch offenes Entgegenkommen auch eine Verständigung über Thorn und das Kulmerland, ein unbedingtes Zusammenhalten der beiden Mächte erwirken konnte. Er aber blieb auf Metternichs Seite und hoffte zunächst, dass auch England und Österreich, wie Russland bereits getan, in die vorläufige Okkupation von Sachsen willigen würden.

Der König sah der Politik seines Kanzlers nicht ohne Sorgen zu und hielt die sofortige Besitznahme von Sachsen für einen voreiligen Schritt, da er, minder hoffnungsvoll als Hardenberg, aus dem Verhalten des Kaisers Franz den richtigen Schluss zog, dass Österreich die Vertreibung der Albertiner schwerlich billigen würde. Hätte man die Okkupation ein Jahr vorher, gleich nach der Leipziger Schlacht durchsetzen können, so wäre sie ein wirksames Mittel gewesen, um die gänzliche Einverleibung vorzubereiten. Wie jetzt die Dinge standen, unmittelbar vor der Entscheidung des Kongresses, brachte die Besitznahme keinen Vorteil mehr, sie setzte den Staat nur der Gefahr einer Demütigung aus, falls er nicht imstande war, das okkupierte Land ganz zu behaupten. Deshalb widersprach der König. Er traute jedoch seinem eigenen Verstande zu wenig, am wenigsten in diplomatischen Fragen, ließ widerwillig den Kanzler schalten und meinte nachher, als Hardenbergs Pläne scheiterten, ärgerlich nach seiner Weise: „Habs immer gesagt, haben aber alle klüger sein wollen." Nur die von Hardenberg vorgeschlagene Ernennung des Prinzen Wilhelm zum Statthalter von Sachsen gab er schlechterdings nicht zu; er wollte mindestens die Personen des königlichen Hauses vor einer beschämenden Niederlage bewahren.

Mit unbeirrtem Selbstgefühle blickte der Staatskanzler über die verständigen Bedenken seines königlichen Herrn hinweg, schrieb verächtlich in sein Tagebuch: „*Jurat in verba* des Kaisers von Russland", und eröffnete, im Bunde mit Metternich, seinen diplomatischen Kampf gegen den Zaren. Auf die Einladung der drei Teilungsmächte übernahm England die Vermittlung; und schwerlich ist jemals in der gesamten Geschichte der neueren Diplomatie ein Unterhändler so töricht und ungeschlacht aufgetreten wie der edle Lord, dem seine Parteigenossen nachrühmten: „Für alles Gute müssen wir Gott und Castlereagh danken." Er sollte vermitteln und gebärdete sich als ein Parteimann, stellte fogleich Forderungen, welche weit über Österreichs und Preußens Wünsche hinausgingen. Die einfachsten Rücksichten des Anstandes geboten ihm eine gemäßigte Sprache, da England nach den Verträgen gar nicht berechtigt war, sich in die polnischen Händel zu mischen; und gleichwohl schlug er sofort einen zankenden Ton an, den kein gekröntes Haupt und am allerwenigsten das überspannte Selbstgefühl Alexanders sich bieten lassen konnte. Schon in seiner ersten Denkschrift vom 4. Oktober warf er dem Zaren die Beschuldigung ins Gesicht, Russlands Verfahren verstoße wider Wortlaut und Geist der Verträge – eine offenbar unwahre Behauptung, da Alexander sich weislich gehütet hatte, irgendeine bindende Verpflichtung einzugehen.

Er erdreistete sich sogar, die Absichten seiner Auftraggeber zu verfälschen, und erklärte, Österreich und Preußen würden die Herstellung eines völlig unabhängigen Polenreichs mit Freuden begrüßen – was der Meinung des Wiener wie des Berliner Hofes geradeswegs zuwiderlief.

Die einzige Entschuldigung für ein so unerhörtes Verfahren lag in der tiefen Unwissenheit des Lords; offenbar ahnte er gar nicht, was unter der Unabhängigkeit Polens zu verstehen sei. Mit naiver Selbstgefälligkeit schrieb er an Wellington nach Paris, die kräftige Sprache seines Memoires könne und werde ihres Eindrucks auf den Zaren nicht verfehlen. Noch anschaulicher zeigte sich die Unfähigkeit dieses wunderlichen Vermittlers in seiner zweiten Denkschrift vom 14. Oktober. Während Hardenberg niemals mehr als die Wartelinie für Preußen gefordert hatte, wollte der Brite, der in Preußens Namen zu sprechen behauptete, unserem Staate fast seinen gesamten alten polnischen Besitz wieder aufladen; ja, er versicherte, Preußen sei bereit, für die Wiederherstellung des Polens von 1771 „alle nötigen Opfer zu bringen", also die Marienburg und die Weichsellande des Deutschen Ordens wieder den Sarmaten auszuliefern! Noch mehr. Der Lord forderte, sämtliche in der polnischen Sache gewechselten Schriftstücke sollten dem Kongresse vorgelegt, alle europäischen Staaten aufgefordert werden, den Plänen Russlands entgegenzutreten. In seinem blinden Eifer nahm er also harmlos Talleyrands Vorschläge wieder auf und wollte, den Verträgen entgegen, alle Kleinstaaten in die polnischen Händel hineinziehen; das hieß Frankreich zum Schiedsrichter Europas erheben!

Es war, als ob der Lord den Zaren zum äußersten Widerstande aufreizen wollte. In der Tat fühlte sich Alexander tief beleidigt und gab in zwei Denkschriften (vom 30. Oktober und 21. November) eine schroff ablehnende Antwort. In hochtrabenden Worten entwickelte er die

Anschauungen, welche seitdem in der halbamtlichen russischen Geschichtsschreibung herrschend geblieben sind: Russland konnte im Frühjahr 1813 leicht einen glorreichen Frieden schließen und hat nur um Europas willen den Kampf weitergeführt; die geforderte Vergrößerung ist für die Nachbarn nicht bedrohlich, aber notwendig, um die Russen wie die Polen zu beruhigen. Dazu eine wohlverdiente Abfertigung für den Lord: ein Vermittler ist nur dann nützlich, wenn er die Geister einander näher führt! – Ging man auf solchem Wege weiter, so trieb die nach Frieden schmachtende Welt einem neuen Kriege entgegen.

Während dem ward dem preußischen Staatskanzler doch unheimlich inmitten seiner sonderbaren Bundesgenossen. Er sah den britischen Vermittler Forderungen aufstellen, die mit Preußens eigener Ansicht nichts mehr gemein hatten, und war noch immer nicht sicher, ob seine treuen Freunde ihn bei seinen sächsischen Plänen unterstützen würden.

Hardenberg beschloss also sich Gewissheit zu verschaffen und sendete am 9. Oktober einen warmen und treuherzigen Brief an Metternich: Preußen will dem weisen Systeme *d'une Europa intermédiaire* (d.h. dem engeren Bunde der drei „deutschen" Großmächte) treu bleiben muss aber in seiner unsicheren Lage zunächst an seine eigenen Interessen denken und fordert daher offene Antwort auf folgende drei Fragen: Stimmt Österreich der Einverleibung von ganz Sachsen zu?

Genehmigt die kaiserliche Regierung die Versetzung Friedrich Augusts nach den Legationen?"[16] Verzichtet sie auf den Gedanken, Mainz an Bayern auszuliefern? (Über diese Absicht Österreichs, welche Humboldt noch vor zwei Monaten nicht gekannt, war also Hardenberg end-

---

16 Legationen: Provinzen des ehemaligen Kirchenstaates

lich ins klare gekommen.) Wenn die kaiserliche Regierung diese drei Fragen bejaht und zugleich verspricht, unsere Absichten auf Mainz und Sachsen fest zu unterstützen, dann „werde ich mit Ihnen hinsichtlich der polnischen Frage in das vollkommenste Einvernehmen treten".

Zuletzt wird Metternich aufgefordert, sofort der vorläufigen Okkupation Sachsens zuzustimmen. Dieselbe Bitte erging an Castlereagh.

Hardenberg lebte mithin noch immer der Hoffnung, der österreichische Freund werde ihm ganz Sachsen und außerdem noch das polnische Land, wofür Sachsen als Ersatz dienen sollte, großmütig gewähren!

Castlereagh antwortete bereits am 11. Oktober, bewilligte die vorläufige Okkupation und erklärte: sein Hof werde auch der gänzlichen Einverleibung von Sachsen zustimmen; England wünsche eine vollkommene Wiederherstellung der preußischen Macht und eine Züchtigung der „politischen Unsittlichkeit" Friedrich Augusts. „Aber", fuhr er in seinem grässlichen Französisch fort, „wenn diese Einverleibung stattfinden soll als ein Mittel, um den preußischen Staat zu entschädigen für die Verluste, welche er erleiden könnte durch beunruhigende und gefährliche Unternehmungen von seiten Russlands, und als ein Mittel, um Preußen mit unverteidigten Grenzen in offenbare Abhängigkeit von Russland zu versetzen, dann kann ich die Zustimmung Englands nicht in Aussicht stellen." Die österreichischen Staatsmänner brachte Hardenbergs offene Anfrage in peinliche Verlegenheit. Gentz wollte kurzerhand mit Preußen und Russland brechen; leidenschaftlicher denn je schalt er wider die Habgier der preußischen Revolutionäre, wider Alexanders Lehrer Laharpe, der s eine liberalen Grundsätze so keck zur Schau trage; immer traulicher ward sein Verkehr mit Talleyrand und Langenau. Metternich sah weiter. Er begriff, dass es noch nicht an der

Zeit war, die Maske fallen zu lass en, und wollte den vertrauensvollen preußischen Freund so lange in seinem holden Wahne erhalten, bis Preußen sich mit Russland überworfen habe und gänzlich vereinzelt dastehe; darum war er geneigt, der vorläufigen Okkupation von Sachsen zuzustimmen. Nach wenigen Tagen, am 14. Oktober, wurde Gentz selber durch Castlereaghs Zureden zu der Ansicht seines ruhigeren Freundes bekehrt. Österreich genehmigte, dass preußische Truppen in Sachsen einrückten – *sans reconnaître le principe,* wie Gentz befriedigt hinzufügt. Durch dies Zeichen des Wohlwollens bestärkte man den preußischen Staatskanzler in seinem arglosen Vertrauen und behielt doch freie Hand für die letzte Entscheidung.

Umso schwieriger war die Erwiderung auf Hardenbergs drei Fragen; erst am 22. Oktober kam Metternich damit zustande. Die zweite der preußischen Fragen – wegen der Versetzung Friedrich Augusts nach den Legationen – wurde in der k.k. Antwort mit keinem Wort erwähnt, was nach altem diplomatischem Brauche einer unbedingten Weigerung gleichkam. Die dritte – wegen Mainz – wurde entschieden verneint.

Diesen Platz, welchen Kaiser Franz selber im Jahre 1797 gegen Venedig an die Franzosen preisgegeben, erklärte Metternich jetzt für die einzige Festung, die einen Marsch gegen die untere Donau verhindere, ja für den einzigen Handelsplatz, welcher Österreich den Zugang zu den nördlichen Meeren eröffne – eine erstaunliche Behauptung, die sich nur aus den noch erstaunlicheren geographischen und volkswirtschaftlichen Kenntnissen des k.k. Staatsmannes erklären lässt.

„Niemals wird der Kaiser darauf verzichten." Soll der Deutsche Bund unter dem gleichmäßigen Einfluss von Österreich und Preußen stehen und Süddeutschland in seinen gerechten Ansprüchen befriedigt werden, so darf

Preußen das linke Moselufer nicht überschreiten. Also dem preußischen Freunde wurde jetzt selbst Koblenz abgesprochen und die unhaltbarste aller deutschen Flussgrenzen angeboten! Auf Hardenbergs erste Frage endlich erwiderte Metternich: sein Kaiser würde nur mit Schmerz die Entthronung eines der ältesten Geschlechter sehen; die Einverleibung widerspreche dem Interesse Österreichs, könne unter den deutschen Fürsten nur Misstrauen gegen Preußen, Anklagen gegen Österreich hervorrufen; der Kaiser hoffe, Preußen werde dem gefangenen Könige mindestens ein Stück Landes an der böhmischen Grenze lassen. „Wenn aber die Gewalt der Umstände die Einverleibung Sachsens unvermeidlich machen sollte", dann behält sich Österreich Verabredungen über die Festungen und Grenzplätze, über Handel und Schifffahrt vor. Der Kaiser rechne auf „die unbedingte Übereinstimmung des Vorgehens" der beiden Höfe in der polnischen Sache, auf eine Verständigung über die gemeinsame Ausführung der „lichtvollen" Castlereaghschen Denkschrift. Metternich erlaubte sich dazu noch die unziemliche Bemerkung, die persönlichen Gefühle des Königs Friedrich Wilhelm dürften einer gesunden Politik nicht im Wege stehen.

Ein entschlossener preußischer Staatsmann musste nach Empfang dieser Erwiderung sofort erkennen, dass auf die beiden Bundesgenossen kein Verlass und ein fester Anschluss an Russland geboten war. Von den drei preußischen Bedingungen hatte Metternich zwei rundweg abgelehnt; und wer irgend wusste, wie wenig selbst ein entscheidendes Ja aus diesem Munde bedeutete, der mochte leicht berechnen, wieviel auf die halbe, gewundene, widerwillige Zustimmung zu der dritten Bedingung zu geben sei. Lag es denn nicht auf flacher Hand, dass „die Gewalt der Umstände die Einverleibung Sachsens nicht mehr unvermeidlich machte", sobald Preußen den größten Teil von

Warschau zurückerhielt? Metternich aber rechnete auf das leichtgläubige Vertrauen seines preußischen Freundes und frohlockte laut, dass er seine Gedanken so geschickt umhüllt habe. Auch Gentz war mit der schriftstellerischen Leistung seines Freundes einverstanden und weissagte jubelnd an Wredes Tafel, in vierzehn Tagen würde das System der europäischen Allianzen verschoben – das will sagen: eine Annäherung Österreichs an die Westmächte vollzogen sein.

Gleichzeitig mit der Antwort an Hardenberg (22. Oktober) erklärte Metternich in einem Schreiben an Castlereagh: Österreich könne nur ungern einen Zwischenstaat fallen lassen, der so oft für das Gleichgewicht Deutschlands und Europas nützlich gewesen; wenn aber die Einverleibung Sachsens von den Verbündeten als unvermeidlich angesehen werde, dann wolle Österreich dies schwere Opfer bringen unter der zweifachen Bedingung: dass das Gleichgewicht in Deutschland nicht durch das Vorrücken Preußens südwärts der Mosel gestört werde und dass die Einverleibung „nicht die Entschädigung bilde für die Zustimmung zu Vergrößerungsabsichten" Der österreichische Staatsmann hielt das Spiel bereits für gewonnen und war der blinden Hingebung des preußischen Staatskanzlers so sicher, dass er ihn in einer neuen Note vom 2. November geradezu aufforderte, mit Österreich vereint das aberwitzige polnische Programm Lord Castlereaghs zu unterstützen; Preußen sollte verlangen, entweder die Herstellung des Polenreichs von 1771 oder den Zustand von 1791 oder endlich zum allermindesten die Teilung Polens nach dem Laufe der Weichsel! Dies allermindeste war selbstverständlich die eigentliche Absicht der Hofburg.

Wahrlich, Preußens Staatsmänner mussten mit Blindheit geschlagen sein, wenn sie jetzt nicht bemerkten, dass Österreich überall, in Sachsen, in Polen wie am Rhein, das Gegenteil der preußischen Pläne verfolgte.

Und doch hat es noch lange gewährt, bis dem Staatskanzler und Wilhelm Humboldt die Augen aufgingen. Seltsam, wie künstlich die beiden geistreichen Männer sich drehten und wendeten, um nur das Nächstliegende, das treulose Doppelspiel der Hofburg, nicht zu bemerken. Sofort nach Empfang der österreichischen Note vom 22. Oktober begannen lebhafte Beratungen im Schoße des preußischen Kabinetts. Am 23. stellte Humboldt die leitenden Gedanken für die Beantwortung der Note zusammen. Hier spricht er noch ganz ohne Misstrauen, wiederholt nochmals alle Gründe, die für die Einverleibung Sachsens sprechen: Preußens vertragsmäßigen Anspruch auf Entschädigung und die Notwendigkeit, durch „eine politische Lektion" zu zeigen, „dass ein Fürst nicht ungestraft gegen die Interessen der Nation, welcher sein Volk angehört, handeln darf". Der Kalischer Vertrag[17] und die Vergrößerung Russlands in Polen war eine unerfreuliche, aber unvermeidliche Folge der Lage, „des falschen Systems, die Übermacht des Westens durch den Osten zu bekämpfen. Gerade damit dies nicht wieder vorkomme, müssen die Mächte Mitteleuropas und namentlich Preußen verstärkt werden". Zerstreute Gebiete in Polen, Deutschland oder Belgien reichen zu solcher Verstärkung nicht aus, „man darf die großen Mächte nicht als Zahlenwerte behandeln". Darum ist die Einverleibung Sachsens für Österreich nicht ein dem preußischen Bündnis, sondern ein dem europäischen Gleichgewichte gebrachtes Opfer; eine Teilung des Landes erscheint durchaus unannehmbar. Darauf erörtert Humboldt die Mainzer Frage und erklärt: Betrachten wir den Platz nur als nötig für die Verteidigung Deutschlands gegen Frankreich, so haben wir nur zu verlangen, dass Bayern gar keinen Einfluss auf Mainz gewinne, „wenn die-

---

17 Kalischer Vertrag: Zwischen Preußen und Russland (28. Februar 1813)

ser Staat nicht offen und ehrlich dem Deutschen Bunde beitritt und auf das Recht selbständiger Kriegführung nicht verzichtet". Dies unveräußerliche Recht der europäischen Macht Bayern hatte Wrede während der letzten Tage in dem deutschen Verfassungsausschuss prahlend verfochten. Humboldt aber fährt mit unverwüstlicher Mäßigung fort: sollte Bayern bessere Gesinnung gegen den Deutschen Bund zeigen, dann müssen wir suchen, „diesen Hof zu gewinnen, statt ihn zu beargwöhnen". Die Frage der Moselgrenze endlich ist eine rein statistische Frage; sie lässt sich leicht beseitigen, wenn Österreich uns den Erfolg unserer Gebietsverhandlungen mit den kleinen deutschen Staaten verbürgt.

Humboldt sah also in der Hofburg noch immer den treuen, leider etwas schwachen Freund, der durch Vernunftgründe in seinen löblichen Entschlüssen bestärkt werden musste; er hoffte selbst die Bayern zu bekehren, die bereits unverhohlen den Krieg gegen Preußen predigten; er wollte endlich, um nur Österreich bei guter Stimmung zu halten, Mainz aufgeben und auf das rechte Moselufer verzichten. Die Stadt Koblenz selber war allerdings in diesem Zugeständnis nicht inbegriffen.

Nach zwei Tagen war die Stimmung des preußischen Kabinetts schon weniger gemütlich. Man hatte offenbar die englischen und österreichischen Schriftstücke unterdessen schärfer geprüft und wohl auch einiges erfahren von dem vertrauten Verkehre zwischen Gentz und Talleyrand.

Vielleicht mag der König selbst seinen Diplomaten bemerkt haben, die Zustimmung der Hofburg zu der Einverleibung Sachsens sei doch sehr unbestimmt gehalten, und Lord Castlereaghs polnische Pläne gingen weit über Preußens eigene Wünsche hinaus. Genug, eine zweite Denkschrift Humboldts an Hardenberg verrät bereits lebhafte Besorgnisse; sie gibt ein sehr anschauliches Bild von dem reichen Geiste ihres Verfassers, bringt in breiter Ausführung eine Überfülle feiner Gedanken, die einander gegenseitig das Licht vertreten, und gelangt schließlich doch nicht zu einem runden, klaren, unzweifelhaften Ergebnis. Humboldt prüft zuerst Castlereaghs Vorschläge und stellt nunmehr endlich den so naheliegenden Gedanken auf, dass man die Grenzfrage und die Verfassungsfrage auseinander halten müsse. Den polnischen Verfassungsplänen des Zaren entgegenzutreten, sei nicht rätlich; denn „Kaiser Alexander befindet sich gewiss in großer Verlegenheit, wenn er ausführen will, was er den Polen versprochen zu haben scheint, und die Mächte vermehren diese Verlegenheit, wenn sie seinen Absichten nicht allzu entschieden widersprechen. Unter diesem Gesichtspunkte betrachtet ist die geplante polnische Verfassung vielleicht sogar ein Gegengift gegen die Nachteile welche aus der übermäßigen Vergrößerung Russlands entstehen". Über die Grenzfrage bemerkt er, bisher habe man immer nur die Wartelinie mit Thorn und Krakau gefordert, das gelegentlich geäußerte Verlangen nach der Weichselgrenze sei wohl niemals ernstlich gemeint gewesen. Kluge Mäßigung sei notwendig, um die Gefahr zu vermeiden, „dass ein Bruch entstehe, und an Europa – d.h. vor allem an Frankreich gegen Europa – appelliert werde.

Frankreich wird sich der Streitfrage immer vornehmlich zu dem Zwecke bedienen, um die Zwietracht zwischen den Kabinetten zu verewigen, gelegentlich Vorteil davon zu ziehen und nachher uns preiszugeben und sich mit Russland zu verständigen, sobald das französische Sonderinteresse befriedigt ist".

Dann betrachtet er Preußens eigentümliche Stellung. Wir verlangen über Russlands Angebot hinaus nur noch Thorn und einige halbdeutsche Striche; Österreich aber fordert das wichtige Krakau, das die Polen niemals preisgeben werden. Der Gewinn für Österreich ist also ungleich größer, während wir um geringer Vorteile willen Gefahr laufen, uns mit Russland zu überwerfen und in eine sehr peinliche Lage zu geraten. Sehr bedenklich ist auch „die Weise, wie Österreich der Einverleibung Sachsens zustimmt. Denn statt laut und kühn zu sagen, dass die kaiserliche Regierung die Sache Preußens gegen jedermann verteidigen wird, stimmt sie nur mit Widerstreben, wie aus Gefälligkeit zu und will uns diese Gunst durch andere, sehr schmerzliche Opfer erkaufen lassen. Offen gestanden, es ist sehr zweifelhaft, ob wir nur unseren augenblicklichen Vorteil dem wirklichen und dauernden Interesse Preußens opfern, wenn wir in der polnischen Angelegenheit denselben Weg mit Österreich gehen. Man muss vielmehr zugeben, dass Preußen dann sein persönliches Interesse ausgibt, um die Sache Europas zu ergreifen. Dennoch wird Preußen immer den Weg der Grundsätze und niemals den der reinen Konvenienz einschlagen". Wir verlangen aber, dass die verbündeten Mächte bei der Feststellung der von Russland zu fördernden Grenzen auf Preußens schwierige Lage Rücksicht nehmen; desgleichen, dass sie „gegen alle anderen Mächte offen und kräftig die Sache Preußens und seiner neuen Erwerbungen verteidigen; dass sie selber die Aufgabe übernehmen, gewissenhaft die Verträge auszuführen, welche uns eine vollständige Wiederherstellung und selbst eine angemessene Vergrößerung zusichern; dass sie uns endlich förmlich den Besitz der Landstriche verbürgen, wegen deren wir noch von Russland abhängig sind". Wollen die Mächte diese Verpflichtungen nicht übernehmen, dann werden wir zwar nicht eine Politik befolgen, die wir verdammen, aber Preußen wird zu seinem großen Leidwesen sich genötigt sehen, „zuerst an seine Selbsterhaltung zu denken". Zum Schluss nochmals: Wir müssen in der Verfassungsfrage nachgeben und nur die Wartelinie fordern; weigert sich Alexander, so dürfen die drei Mächte keinen Vertrag mit ihm schließen, sondern sie müssen die Frage offen lassen und bestimmt erklären, dass sie von ihrer Ansicht nicht abgehen würden, aber auch in diesem Falle müssen sie so weit als möglich Frankreich fernhalten.

Ein wunderlicher Anblick, wie der geistvolle Mann immer wieder sein Ross bis dicht an den Graben heranführt und sich doch nicht das Herz fasst, das Hindernis zu nehmen. Er sieht, dass die vorgeblichen Bundesgenossen ganz andere Pläne verfolgen als Preußen selbst, dass Preußen für sich bei diesem diplomatischen Feldzuge nichts Wesentliches gewinnen kann; er ahnt die Nichtigkeit der österreichischen Versprechungen; er begreift, dass aus dem Kampfe gegen Russland nur Frankreich Vorteil ziehen wird. Wir erwarten, die einzig mögliche Schlussfolgerung schwebe dem scharfsinnigen Denker schon auf den Lippen. Da führt ihn ein wunderbar künstlicher Gedankengang zu der ungeheuerlichen Ansicht: die erste und selbstverständliche Pflicht jedes preußischen Staatsmannes, die Pflicht, des eigenen Landes Macht zu sichern, sei eine niedrige Sorge für „das persönliche Interesse Preußens"! Die gleisnerische englische Phrase von „der Sache Europas" berauscht auch diesen kalten Kopf! Es ist dieselbe überirdische Großmut, dieselbe übergeistreiche Willensschwäche, die in unserer Geschichte immer mit unheimlicher Regelmäßigkeit den großen Zeiten kühn zugreifender Tatkraft zu folgen pflegt. Auch der gelehrte Hoffmann begnügte sich mit unfruchtbaren Klagen über die Feindseligkeit fast aller Mächte gegen Preußen; er so wenig wie Humboldt fand den einfachen Schluss, dass man die erdrückende Masse der Gegner sprengen und mindestens mit einer der fremden Mächte sich abfinden müsse.

Was man von Österreich zu erwarten habe, konnte nur der gutmütigen Schwäche noch zweifelhaft scheinen.

Eben jetzt traten auf Befehl ihres Kaisers Metternich, Stadion und Schwarzenberg zu einem Rate zusammen und beschlossen, Preußen müsse durchaus wieder bis zur Weichsellinie vorrücken. Zur selben Zeit ließ Metternich dem Zaren vertraulich anbieten, Österreich sei bereit, in der polnischen Sache nachzugeben, wenn Russland die sächsischen Ansprüche Preußens nicht mehr unterstütze. So versicherte Alexander seinem königlichen Freunde auf das bestimmteste; Metternich, nach seiner Gewohnheit, leugnete alles. Da aber jenes Anerbieten genau übereinstimmt mit der gleich nachher von Österreich wirklich eingehaltenen Politik, so ist diesmal der Zar sicherlich nicht der Lügner gewesen.

Eine unerhörte Demütigung stand dem preußischen Staate bevor; da griff König Friedrich Wilhelm rettend ein. Es war vielleicht der heilsamste diplomatische Entschluss seines Lebens. Am 6. November hatte er mit dem Zaren eine lange Unterredung im engsten Kreise.

Die beiden Freunde verständigten sich, und der König wagte nun endlich, seinen Diplomaten die Politik anzubefehlen, welche er schon seit Monaten für die einzig sichere hielt: er befahl dem Staatskanzler, fortan nicht mehr feindlich gegen Russland vorzugehen. Friedrich Wilhelm hatte die Wiedererwerbung der Millionen treuloser Polen nie gewünscht und konnte also nur mit Befremden erfahren, wie hartnäckig England und Österreich nach der Weichselgrenze verlangten. Er wusste besser als Hardenberg, welche Hemmnisse sich der Einverleibung Sachsens entgegenstellten; er hatte aus vertrautem persönlichem Umgang richtig herausgefühlt, dass der Zar für Preußen mindestens mehr aufrichtiges Wohlwollen hegte als der gute Kaiser Franz. Sein schlichter Verstand begriff nicht, warum Preußen – auf die Gefahr hin, seinen besten Bundesgenossen zu verlieren, – um jeden Preis den phantastischen Gedanken des russisch-polnischen Königtums bekämpfen sollte, der für Russland selbst weit gefährlicher war als für Deutschland. Nun, da er seine eigenen Staatsmänner ratlos hin und her schwanken sah, griff er selber durch und bewährte wieder den klaren, sicheren Soldatenblick, den er am Tage von Kulm und so oft auf den Schlachtfeldern des letzten Winterfeldzuges gezeigt hatte. Die persönliche Neigung mag dabei mitgewirkt haben, doch der Drang des Gemüts stimmte überein mit der nüchternen politischen Berechnung.

Hardenberg fühlte sich tief gekränkt durch das entschiedene Auftreten seines königlichen Herrn und dachte ernstlich daran, feinen Abschied zu fordern; Metternich und Castlereagh suchten ihn in diesem Entschlusse zu bestärken. Die Schwenkung des Königs wurde sofort von den gewandten Gegnern ausgebeutet. Die Franzosen setzten ein effektvolles Märchen in Umlauf: wie Alexander durch brünstige Zärtlichkeitsbeteuerungen seinen Freund und sich selber in sanfte Rührung hineingeredet und dann dem arglosen König das verhängnisvolle Versprechen abgenommen habe. Die anmutige Erfindung fand bei den erbosten fremden Diplomaten umso leichter Gehör, da der Entschluss des Königs ihre sämtlichen Berechnungen über den Haufen warf; seit dem bekannten Auftritte am Grabe Friedrichs des Großen wusste ohnehin jedermann, wie Großes der Zar in kunstvollen Rührszenen zu leisten vermochte. Talleyrand verkündete schon am 7. November frohlockend an Gentz den großen Verrat der Preußen und gab dann die Parole aus, welche bald von Metternich und Castlereagh nachgesprochen wurde: Preußen hat „die Sache Europas" aufgegeben und darf darum Sachsen nicht erhalten ! Dieser Abfall der falschen Freunde ist aber nicht durch den König verschuldet worden; er wäre vielmehr, auch ohne die Tat Friedrich Wilhelms, unzweifelhaft nach einigen Wochen, und dann unter Mitwirkung des Zaren selber, eingetreten.

Es bleibt das Verdienst des Monarchen, dass er seinem Staate für den unausbleiblichen Zusammenstoß mit Österreich und den Westmächten den Beistand Russlands und also doch mindestens eine leidliche Entschädigung sicherte.

Leider führte der König sein gutes Werk nicht ganz zu Ende. Ihm genügte, dass er den Bruch mit Preußens natürlichem Bundesgenossen abgewendet hatte; das Weitere überließ er, nach seiner schüchternen Weise, dem Staatskanzler. Die Monarchen waren in jenem Gespräche nur über zwei Punkte übereingekommen: der König wollte, da ihm der Zar abermals den Besitz von Sachsen verbürgte, der polnischen Königskrone Alexanders nicht mehr widersprechen, und er verwarf die von Österreich und England verlangte Weichselgrenze als eine übertriebene, für Preußen selbst nachteilige Forderung. Doch über die Zukunft des Landstrichs zwischen Warthe und Prosna[18] gingen die Meinungen noch auseinander, und es war sicherlich Hardenbergs Pflicht, diese Grenzfrage sogleich durch vertrauliche Verhandlungen zu erledigen, alle zwischen Russland und Preußen noch streitigen Punkte aus der Welt zu schaffen, um dann, wohl gedeckt durch gegenseitige bindende Verpflichtungen, mit einem gemeinsamen Programm den Westmächten und der Hofburg entgegenzutreten.

Außer der von Russland bereits angebotenen Prosnalinie waren aber nur Thorn und die benachbarten Gebiete des alten Deutschordenslandes für Preußen unentbehrlich. Diese wichtige Position an der Weichsel und ihr deutsches Hinterland dem großen Vaterlande zurückzugeben, blieb allerdings eine unerlässliche Aufgabe der nationalen Poli-

---

18 Prosna: Nebenfluss der Warthe, bildete bis 1919 die Grenze zwischen der preußischen Provinz Posen und Polen

tik. Schon auf die erste unbestimmte Nachricht von der bevorstehenden Wiedervereinigung sprachen die Ämter Engelsburg und Rheden sofort dem Staatskanzler ihre herzliche Freude aus und schilderten beweglich, mit wie „unnennbaren Empfindungen" sie durch sieben lange Jahre dicht an ihrer Grenze das Glück der Preußen gesehen und selber das Joch der fremden Tyrannei hätten tragen müssen.

Die Wiedererwerbung dieser treuen deutschen Lande war, wie der Erfolg gezeigt hat, keineswegs unmöglich, obgleich Zar Alexander auf das feste Thorn großen Wert legte; man musste nur einen klaren Entschluss fassen, auf die rein polnischen Landstriche um Kalisch und Czenstochau verzichten und vor allem Österreichs Ansprüche auf Krakau nicht mehr unterstützen.

Hardenberg aber hatte sich schon allzu tief eingelassen in die englischösterreichischen Zettelungen; er konnte das Misstrauen gegen Russland nicht überwinden. Alle seine ehrlichen Hoffnungen für Deutschlands Zukunft beruhten auf dem Bündnis der „drei deutschen Großmächte".

Darum wollte er auch jetzt noch eine Mittellinie zwischen den beiden Parteien einhalten und schrieb am Tage nach jenem Gespräche (7. November) vertraulich an Castlereagh. Er hütete sich wohl, von dem Befehle des Königs etwas zu sagen, und erzählte nur, wie er im Verlaufe jener Unterredung die Überzeugung gewonnen habe, dass man Alexanders polnische Königskrone anerkennen müsse. Für Preußen verlangte er nochmals die Wartelinie und Thorn, für Österreich das Land bis zur Nida, Krakau und Zamosz, obgleich Metternich selber auf letzteren Platz wenig Wert legte. – Es war kaum möglich, ungeschickter zu verfahren. Der Staatskanzler setzte sich zwischen zwei Stühle; durch die Anerkennung des Königsreichs Polen gab er der Hofburg willkommenen Anlass, über Preußens Verrat zu klagen, und zugleich stieß er den Zaren vor den

Kopf durch die Forderung einer Grenze, welche Russland nicht bewilligen wollte.

Wahrlich, blinde Ergebenheit gegen Russland ist das letzte, was sich den Diplomaten der Staatskanzlei vorwerfen lässt; bis zur zwölften Stunde bauten sie fest auf Österreichs Freundschaft. Schon nach wenigen Tagen ward offenbar, dass weder Österreich noch England eine feste Verpflichtung für Preußens Wiederherstellung übernehmen wollte. Hardenberg hat dann noch Wochen lang in unfruchtbaren Vermittlungsversuchen sich erschöpft; Preußen trug von seinem „Abfall" zunächst nur den Hass davon, der jedem diplomatischen Frontwechsel zu folgen pflegt. Doch als nachher der Streit sich verbitterte, da führte die Natur der Dinge, halb wider den Willen der preußischen Staatsmänner, jene Parteigruppierung herbei, welche dem klaren Blicke des Königs von vornherein als unvermeidlich erschienen war. Auf der einen Seite standen Preußen und Russland, auf der andern: Österreich, England, alle kleinen Neider des werdenden deutschen Staats und, als der Leiter der großen Verschwörung, Frankreich. Nur seinem König verdankte der aus tausend Wunden blutende Staat, dass er aus einem solchen Kampfe nicht völlig gedemütigt hervorging.

Am 8. November übergab Fürst Repnin die Verwaltung von Sachsen an die preußischen Bevollmächtigten General von Gaudy und Minister v.d.Reck. Der Leipziger Bürgermeister Siegmann und die Handlungsdeputierten sprachen sofort im Namen von Stadt und Kaufmannschaft dem Staatskanzler ihr volles Vertrauen aus, dankten ihm für die treffliche Wahl der obersten Beamten. Es fehlte nicht an unerquicklichem Streite, da der moderne Staat mit seiner strengen Aufsicht plötzlich unter die Spinnweben und den verstaubten Urväterhausrat dieser verkommenen altständischen Verwaltung hineinfahr. An die

Spitze des Finanzwesens wurde Staatsrat Friese gestellt, einer der besten Köpfe des preußischen Beamtentums, derselbe, der in Königsberg an den Reformen Steins so wirksam teilgenommen hatte. Er wusste nicht grell genug zu schildern, wie sündlich der Staatshaushalt, der freilich noch immer minder verschuldet war als die erschöpften Finanzen Preußens, durch eine faule, schwerfällige und bestechliche Verwaltung verwahrlost sei, und geriet mit den Mitgliedern des sächsischen Finanzkollegiums hart aneinander. Den sächsischen Edelleuten, welche bisher den Abteilungen des Generalgouvernements vorgestanden, wurden bürgerliche Beamte an die Seite gesetzt, so der Geheime Rat Krüger, ein echter Sohn der tüchtigen, rücksichtslos strengen altpreußischen Beamtenschule, und der sächsische Hofrat Ferber, ein alter Gegner der Ständeherrschaft, beim Adel längst als Demagog verrufen. Darüber denn große Entrüstung. Die Gekränkten hielten die heiligen Rechte „der sächsischen Nation" für gefährdet – die harmlose Verwechslung des persönlichen mit dem allgemeinen Interesse bleibt ja die Erbsünde kleinstaatlicher Weltanschauung – und brachten den armseligen Handel bis vor den Kongress.

Gewiss sind auch in Sachsen einzelne Missgriffe vorgekommen; die Erhebung aus der Enge der Kleinstaaterei ist noch in keiner unserer neuen Provinzen ganz ohne verletzende Härte geschehen. Aber die Masse des Volks blieb trotz ihrer unzweifelhaft partikularistischen Gesinnung von jedem Gedanken des Widerstandes weit entfernt. Ein gründlicher Kenner der Verhältnisse, der Gouvernementskommissar von Zeschau in Wittenberg, der spätere sächsische Finanzminister, erklärte freimütig: man könne nicht verlangen, „dass das sächsische Volk einen Fürsten ganz vergesse, unter dessen Regierung es bis zum Jahre 1806 ganz glücklich lebte"; doch die Mäßigung der Regierung finde Anerkennung; ganz gewiss seien keine Unruhen zu befürchten, das Volk werde sich rasch in die neue Ordnung eingewöhnen. Jedermann weiß, wie genau diese Weissagung bald nachher in der nördlichen Hälfte des Landes sich erfüllt hat. Doch weil es so stand, weil die leichte Verschmelzung des Landes mit dem preußischen Staate außer Zweifel war, darum kämpfte die Adelige Ressource in Dresden, der alte Sammelplatz des Hofadels und der Bürokratie, mit leidenschaftlichem Eifer gegen den drohenden Untergang ihrer alten Herrlichkeit.

Unterdessen tobte weithin durch das Lager des Rheinbundes, am lautesten in Bayern, ein erbitterter Federkrieg, dessen bodenlose Gemeinheit der Sachse Karl von Nostitz treffend als „pamphletistische Mordbrennerei" bezeichnete. Diese Libelle, zumeist von den Kabinetten selber veranlasst oder beeinflusst, haben nicht nur die Leidenschaften des Tages geschürt und den Kampf verschärft. In ihnen sammelte sich auch das ganze Rüstzeug jener vergifteten Waffen an, welche seitdem während eines Menschenalters gegen Preußen geschwungen wurden; schon jetzt verriet sich das nachher in den Tagen der Demagogenverfolgung mit so reichem Erfolge gekrönte Bestreben, den Befreiungskrieg und seine Helden vor der Krone Preußen zu verdächtigen. Mit Gentzens Freunde Adam Müller, dem Herausgeber des ultramontanen „Tiroler Boten", wetteiferte der Welfe Sartorius. Der gelehrte Göttinger Historiker verfasste, während er zu Wien in den Vorzimmern der Diplomaten umherschlich und vertraulich mit Gentz verkehrte, unter dem Namen eines „preußischen Patrioten" die Flugschrift „über die Vereinigung Sachsens mit Preußen" und schilderte mit dem ganzen Kummer eines beschämten treuen Preußenherzens: im Lande geht das Gerücht, dass verblendete Ratgeber die Hände des Königs mit gestohlenem Gute beflecken wollen; die Verführung lauert, der Staat steht am Scheidewege; soll denn nochmals, wie einst in Schlesien, Westpreußen, Hannover, das *suum cuique rapit* der Sinnspruch unseres Adlers sein? Die Augsburger „Allgemeine Zeitung" stand, wie in jeder großen Krisis unserer neueren Geschichte, auch diesmal unter den Feinden Preußens.

Auch die ausländischen Zeitungen begannen in dem Streite Partei zu ergreifen: durchgängig gegen Preußen. Da das Torykabinett anfangs den preußischen Ansprüchen günstig schien, so nahmen sich die Whigs, nach der alten Regel englischer Parteitaktik, im Parlamente wie in den Zeitungen eifrig des gefangenen Königs an, und die öffentliche Meinung stand hinter ihnen. Die englische Nation hat während der zwei jüngsten Menschenalter dem Erstarken des deutschen Nordens immer ebenso feindselig, wenngleich minder lärmend widerstrebt wie die Franzosen. Damals fand sie vollends ihre teuersten Handelsinteressen durch Preußen gefährdet: Leipzig, der große Stapelplatz der britischen Waren, durfte nicht in die Zollgemeinschaft eines großen Staates eintreten. In heiligem Zorne verfluchten die Redner der Whigs die arglistigen Anschläge der Despoten wider „die sächsische Nation", und mit der gleichen erhabenen Begeisterung wurde die Vereinigung Genuas mit Piemont als der Tod der Freiheit Italiens gebrandmarkt.

Die französische Presse hielt wie ein Mann zu dem treuen Alliierten Napoleons. Schon am 7. November, also bevor man in Paris den entscheidenden Schritt des Königs von Preußen kannte, verkündete die halbamtliche „Quotidienne" unverhohlen das Programm des bourbonischen Rheinbundes: die Regierung des Allerchristlichsten Königs ist vielleicht die einzige in Europa, welche bei einer Volksabstimmung auf einstimmige Anerkennung rechnen kann; „die schöne Rolle des Verteidigers der Unterdrückten, des Beschützers der Schwachen, des bewaffneten Bürgen für die Heiligkeit der Verträge, das ist Frankreichs berechtigte Größe, hierin liegt sein legitimes und unverjährbares Übergewicht"; darum volle Selbständigkeit für Polen, das als ein schon bestehender Staat nur reicherer Ausstattung bedarf; darum unbeschränkte Souveränität für die deutschen Staaten, Achtung vor der *individualité nationale* der Sachsen, der Bayern und der anderen deutschen Völker; „dann wird eine freie und starke Konföderation die französischen Waffen auf immer von den Waffen Österreichs und Preußens trennen".

Der „Rheinische Merkur" trat dem vollstimmigen Chor der Rheinbündler tapfer entgegen und ward darum von den Journalisten Montgelas' der Thersites unter den deutschen Zeitschriften gescholten.

Görres warnte in seiner bilderreichen Sprache vor den Basiliskeneiern des gallischen Hahnes. Doch ein sicheres Verständnis der großen Machtfrage war selbst in diesen Kreisen nicht vorhanden. Der „Merkur" öffnete seine Spalten nicht nur den Freunden, sondern auch den gemäßigten Gegnern der preußischen Ansprüche. Zu diesen zählte auch Jakob Grimm, der, hochbeglückt durch die Rückkehr seines hessischen Kurfürsten, den Sachsen die gleiche Freude nicht missgönnen wollte.

Ein gefühlvoller Artikel bat die Söhne Germaniens um Schonung für Sachsen, „den geistigeren Bruder, der allein studiert hat," – als ob dieser Bruder nicht auch unter preußischer Herrschaft ungestört hätte weiter studieren können! Die literarische Verteidigung der preußischen Politik ward im Ganzen nur von solchen Männern geführt, welche der Regierung nahe standen. Auf Veranlassung des Staatskanzlers erschien eine Flugschrift von Varnhagen, oberflächlich wie alles, was dieser politische Dilettant in Staatssachen geschrieben hat, voll hohler Phrasen über „den Geist der

Liberalität, der über Preußens Bestrebungen schwebt". Ernster und würdiger sprachen Arndt, Eichhorn und J.G. Hoffmann. Die Schrift des wackeren Statistikers „Preußen und Sachsen" gibt mit ihrer ruhig bescheidenen Haltung eine beredte Antwort auf die modischen Anklagen wider den preußischen Übermut.

Niemals, sagt Hoffmann gelassen, sei Preußen so einstimmig von der deutschen Welt geschmäht worden wie in den Tagen der Steinhardenbergischen Gesetze; gleichwohl müsse das Gute in dem Staate doch wohl überwiegen, da die Nation für die Wiederaufrichtung eines so verrufenen Gemeinwesens so unvergessliche Opfer gebracht habe.

Die kühle und sachliche Darstellung der Schuld des gefangenen Königs erregte in Friedrichsfelde solche Erbitterung, dass der sächsische Minister Graf Einsiedel sich erdreistete, von der preußischen Regierung das Verbot der Hoffmannschen Schrift zu verlangen; selbstverständlich ward ihm seine Note zurückgegeben.

Weitaus das bedeutendste Werk aus diesem Federkriege ist Barthold Niebuhrs Flugschrift „Preußens Recht wider den sächsischen Hof" – wohl überhaupt die vornehmste Leistung der deutschen Publizistik aus jenem Zeitraum, denn sie vereinigt Arndts edle Leidenschaft und rhetorischen Schwung mit dem Gedankenreichtum und der politischen Sachkenntnis von Friedrich Gentz. Wie frei und kühn entwickelt der große Historiker zwei Kerngedanken unserer nationalen Politik, welche, noch niemals früher mit solcher Klarheit ausgesprochen, seitdem allen edleren Deutschen in Fleisch und Blut gedrungen sind. Er zeigt, dass ein großes, seiner Einheit bewusstes Volk den Abfall von der Sache der Nation auch dann als Felonie bestrafen darf, wenn der Verräter kein geschriebenes Recht verletzt hat; „die Gemeinschaft der Nationalität ist höher als die Staatsverhältnisse, welche die verschiedenen Völker eines

Stammes vereinigen oder trennen". Alsdann sagt er mit der Sicherheit des Sehers voraus, dass die Tage der deutschen Kleinstaaterei gezählt sind: schwache Gemeinwesen, die sich nicht durch eigene Kraft behaupten können, „hören auf, Staaten zu sein". Zu solchem Urteile gelangte der konservative Denker, da er ein Jahr nach der Schlacht von Leipzig das deutsche Kleinfürstentum wieder den Fahnen Frankreichs folgen sah. In dem vertrauten Briefwechsel der preußischen Diplomatie sprach sich der Unmut über den wiederauflebenden Partikularismus noch weit schärfer aus. „Die nämlichen Menschen," – schrieb Alopeus an Humboldt – „die nach der Schlacht von Leipzig ausriefen: ihm geschieht recht, bemitleiden jetzt den frommen König; und die Bourbonen, die im Junimonat vollauf zu tun hatten, sich selbst zu erhalten, haben es jetzt so weit gebracht, dass sie sich um die Erhaltung anderer kräftig verwenden können. Freilich empört sich das Gefühl, wenn man es ansehen muss, dass der nämliche deutsche Kaiser, der von seinen Vasallen schändlicherweise verlassen wurde, jetzt diese mit dem Verbrechen des Hochverrats und der Felonie beschmutzten Vasallen scharenweise in der Kaiserstadt mit allen den Souveränen gebührenden Ehrenbezeigungen aufnimmt. Man frägt sich, welches der Endzweck einer solchen, nicht von der Notwendigkeit gebotenen Herablassung sein kann." Auf den Gang der Kongressverhandlungen übten natürlich weder solche Zornworte noch Niebuhrs und Hoffmanns Vernunftgründe irgendeinen Einfluss. Österreich hatte gehofft, mit England und Preußen vereint den Zaren in die Enge zu treiben und dann über Preußens Kopf hinweg sich mit Russland zu verständigen. Nun war dieser Plan durch das Eingreifen des Königs vereitelt, und sofort änderte Metternich seine Taktik. Auch ihm, wie den Franzosen, war die sächsische Frage ungleich wichtiger als die Zukunft Polens. Schon am 11. November, in einem Gespräche mit Castlereagh und Hardenberg, nahm er das dem Staatskanzler gegebene Versprechen zurück und erklärte: der allgemeine Widerstand gegen die Einverleibung Sachsens sei unüberwindlich, mindestens Dresden und der südliche Teil des Landes müssten dem gefangenen Fürsten wieder zufallen. So wurde der Gedanke der Teilung Sachsens, welchen Stadion schon im Sommer den Unterhändlern Friedrich Augusts angedeutet hatte, endlich als das Ziel der österreichischen Politik ausgesprochen. Die willkürliche Zerreißung des alten sächsischen Gemeinwesens, die Zerstörung seines altgewohnten Verkehrs durch neue Zolllinien erregte der Hofburg kein Bedenken. Ihre Absicht war lediglich, das ergebene albertinische Haus wieder auf der für Preußen lästigsten Stelle anzusiedeln und zugleich dem preußischen Freunde eine Wunde an seinem Leibe offen zu halten.

Da die Lothringer selber in den Völkern ihres Hausbesitzes niemals eine österreichische Staatsgesinnung zu erwecken versucht hatten, so besaßen sie auch kein Verständnis für die staatsbildende Kraft der preußischen Monarchie; sie hofften, das geteilte Sachsen werde für Preußen ein zweites Polen sein. Kaiser Franz tröstete den Herzog von Weimar: „Nu, nu, was bruddelns mit dem Kopf? Wenn das Land geteilt wird, kommts am ersten wieder z'samm." Hardenberg wies den Antrag Metternichs entschieden zurück und schlug dann vor, die Albertiner nicht durch die Legationen, sondern durch ein Stück des katholischen Westfalens zu entschädigen. Er hatte in Wien endlich bemerkt, dass Österreich den nördlichen Teil des Kirchenstaates selber zu behalten wünschte, und dachte die Hofburg durch dies Anerbieten nachgiebiger zu stimmen. Metternich fand auch diesen neuen Plan hochbedenklich und wiederholte mit wachsender Bestimmtheit, nur die Wiedereinführung des Gefangenen in einen Teil seines Landes könne den tiefen Unmut der deutschen Fürsten beschwichtigen.

Auch England nahm bald sein gegebenes Wort zurück. Lord Castlereagh erntete jetzt die Früchte seiner zudringlichen Anmaßung. Er hatte dem Zaren die gröbsten Beleidigungen geboten; und da nunmehr Preußen sich weigerte, an dem diplomatischen Feldzuge gegen Russland ferner teilzunehmen, so trieb die Logik der Tatsachen die englischen Staatsmänner auf die Seite jener Macht, welche Preußen und Russland am entschiedensten bekämpfte. Bereits am 15. November kam der beschränkt-ehrliche Charles Stewart zu Stein und klagte voll Schmerz und Scham: „Wir sind gezwungen, uns in Frankreichs Arme zu werfen!" Die Furcht des britischen Kabinetts vor den Zornreden der parlamentarischen Opposition und das Mitgefühl des Prinzregenten[19] für den gefangenen Wettiner beschleunigten die Schwenkung. Castlereagh erhielt aus der Heimat den Befehl, die preußische Sache gänzlich aufzugeben, und er ist sich in seiner Beschränktheit des begangenen Verrates niemals klar bewusst geworden. Auch im Parlamente wusste der edle Lord späterhin zur Entschuldigung seines Gesinnungswechsels nur das eine vorzubringen: die öffentliche Meinung Deutschlands sei der Einverleibung Sachsens entschieden ungünstig gewesen – eine wundersame Behauptung im Munde dieser Hochtories, welche sonst die Geringschätzung der Wünsche der Völker geflissentlich zur Schau trugen.

Nur Castlereaghs Gedankenlosigkeit und Metternichs Arglist erklären das Rätsel, dass England und Österreich jetzt plötzlich alles für schwarz erklärten, was sie bisher für weiß gehalten. Die von ihnen so lange bekämpfte polnische

---

19 Prinzregent: Der spätere Georg IV., seit 1811 Regent für seinen geisteskranken Vater

Königskrone Alexanders erschien ihnen nunmehr als eine „Falle", welche der Zar sich zum eigenen Schaden stelle, und die Einverleibung Sachsens, der sie beide mit halben Worten zugestimmt, galt nun als eine schwere Verletzung des Völkerrechts. Man hatte erkannt, dass Russland ohne einen Krieg von seinen polnischen Plänen nicht abzubringen sei; „die politische Angelegenheit", schrieb Gagern schon am 1. Dezember, „ist beinah beendigt, aus Mangel an Kämpfern." Umso fester rechnete Metternich auf die Vereitelung der so ungleich schlechter gesicherten preußischen Ansprüche. Er stand jetzt mit Talleyrand in herzlichem Vereine, prüfte und genehmigte mit dem Franzosen gemeinsam eine neue Rechtsverwahrung des gefangenen Königs.

Solcher Erfolge froh, trat Talleyrand täglich herausfordernder auf, ließ durch Dalberg und La Besnardiere eine Apologie des Albertiners verfassen, versicherte dem getreuen Gagern: niemals werde Frankreich die Preußen weder am linken Rheinufer noch in Sachsen dulden. Eine „Denkschrift über Sachsen vom französischen Gesichtspunkte" zählte Preußens Sünden gegen das deutsche Vaterland auf: den Baseler Frieden, den Reichsdeputationshauptschluss, die Neutralität von 1805 – alles Sünden vom französischen Gesichtspunkte! Der „Moniteur" verkündete feierlich: „Der einzige Fürst, der vielleicht berechtigt wäre, über Friedrich August zu urteilen, der König von Frankreich, spricht den Gefangenen frei" – und pries begeistert die ewige Zersplitterung als die glorreiche Eigentümlichkeit der deutschen Nation: „Im deutschen Charakter liegt die Anhänglichkeit an heilige Gewohnheiten; die heiligste darunter ist: besonderen Fürsten zu gehorchen."

Diese *princes particuliers* waren mit der Geschichtsphilosophie des „Moniteurs" ganz einverstanden; sie zeigten sich bereit, auf Talleyrands Aufforderung einen gemeinsamen Protest gegen die Einverleibung Sachsens zu unterzeichnen, nur eine drohende Warnung des Zaren hintertrieb das Unternehmen. Der Franzose hatte für jeden der kleinen Herren lockende Versprechungen bereit, und jeder von ihnen hoffte doch noch auf der großen Wiener Länderbörse wenigstens einige tausend Seelen zu gewinnen. Die Gesinnung des deutschen Kleinfürstentums fand einen getreuen Ausdruck in den zahlreichen Denkschriften des Landgrafen von Hessen-Homburg, welche den einleuchtenden Satz ausführten: „da alle Nachbartnächte sich vergrößert haben", so muss Homburg, um nicht von seiner historischen Machtstellung herabzusinken, notwendig die Dörfer Ober-Ursel und Ober-Roßbach seinem Reiche einverleiben! Der darmstädtische Gesandte von Türkheim begründete sogar, inmitten dieser hochlegitimistischen Gesellschaft, die Entschädigungsansprüche seines durchlauchtigen Herrn durch eine feierliche Berufung auf die unveräußerlichen *droits de l'homme*. Wenn aber Talleyrands Pläne gelangen, wenn Preußen weder am Rhein noch in Sachsen entschädigt wurde, so blieb mehr Land frei für die Herzenswünsche der Kleinen; darum standen sie alle ohne Ausnahme auf Frankreichs Seite, und der besiegte Feind erschien ihnen wieder als der großmächtige Protektor Deutschlands.

Das wüste Gezänk um Sachsen brachte alle anderen Arbeiten des Kongresses ins Stocken. Der deutsche Verfassungsausschuss war schon längst unverrichteter Dinge auseinander gegangen. Dazwischen hinein spielten erbärmliche persönliche Ränke. Metternich versuchte den preußischen Staatskanzler bei Alexander zu verdächtigen, legte dem Zaren die antirussischen Noten vor, welche Hardenberg zu Beginn des Kongresses geschrieben hatte – und was der Jämmerlichkeiten mehr ist.

Trotz aller solcher Proben der österreichischen Freundschaft ließ sich der Staatskanzler von Metternich bereden, noch einmal zwischen Russland und England-Österreich zu vermitteln. Er stellte am 23. November nochmals die alten Forderungen auf: die Wartelinie für Preußen, Krakau und Zamosz für Österreich – obgleich er durch den Befehl des Königs verpflichtet war, sich nicht von Russland zu trennen. Zum Glück kam ihm der Freiherr vom Stein zu Hilfe. Der große Mann hatte inzwischen eingesehen, dass er bisher allzu einseitig den polnischen Plänen des Zaren entgegengetreten war; nach seiner herrlichen unbefangenen Weise beschloss er sofort, den begangenen Fehler zu sühnen, und bot fortan seine ganze Kraft auf, um Sachsen für Preußen zu retten. Ihm war es zu verdanken, dass Alexanders Antwort ziemlich günstig ausfiel. Der Zar versicherte (27. November), dass er niemals den preußischen Bundesgenossen, der ihn so „kraftvoll, edel und ausdauernd unterstützt" habe, verlassen werde, und forderte ganz Sachsen für Preußen, Mainz für den Deutschen Bund; von seinen polnischen Ansprüchen gab er Thorn und Krakau auf, beide sollten als neutrale freie Städte anerkannt werden.

Durch diese Erklärung war die Mainzer Frage erledigt. Metternich verzichtete auf die Absicht, die Festung an Bayern zu geben, denn in der Bekämpfung dieses Planes waren Russland und Preußen mit dem partikularistischen Neide der Kleinfürsten einig. Hardenberg wollte den Schlüssel der Rheinlande nicht treulosen Händen anvertrauen; die Kleinen aber befürchteten, wie die württembergischen Bevollmächtigten sich ausdrückten, dass ein starker Staat im Besitze von Mainz „das Schicksal aller übrigen deutschen Staaten von sich abhängig machen würde". So verfiel man denn auf ein Auskunftsmittel, das, unnatürlich und abgeschmackt, wie es war, doch aus den chaotischen Zuständen des Deutschen Bundes sich mit einer gewissen Notwendigkeit ergab.

Das goldene Mainz, dereinst der Sitz des vornehmsten deutschen Fürsten, wurde der Landeshoheit des Darmstädter Großherzogs unterworfen, weil dieser Machthaber feinen Nachbarn niemals bedrohlich werden konnte; die Festung ward ein fester Platz des Deutschen Bundes mit einer österreichisch-preußischen Garnison. Also behielt Preußen hier doch einen Fuß im Bügel. Von dem unendlichen Streite, welchen das Mitbesatzungsrecht Österreichs dereinst erregen sollte, ahnte man noch nichts; man träumte noch den Traum des friedlichen Dualismus.

Ebenso künstlich war der russische Vorschlag, Thorn und Krakau zu freien Städten zu erheben; eine Republik Krakau musste unfehlbar der Herd einer namentlich für Österreich hochgefährlichen polnischen Propaganda werden. Indes die Gedanken der Hofburg erhoben sich nur bis zu dem Bunsche, dass der beherrschende Platz des oberen Weichseltals den Russen nicht als Grenzfestung dienen dürfe. Metternich fand gegen den Plan wenig einzuwenden.

Die polnischen Händel boten nur noch geringe Schwierigkeiten, zumal da Alexander jetzt die Vereinigung von Litauen und Polen fallen ließ und allein die warschauischen Lande für das neue Polenreich bestimmte. Seinem klagenden Czartoryski sagte er freilich insgeheim zum Troste: dies verstümmelte Königreich sei nur eine *pierre d'attente*. Gleichviel, die sächsische Frage blieb fortan der einzige ernsthafte Streitpunkt zwischen den Mächten. Immer heftiger ward der allgemeine Widerspruch gegen die preußischen Pläne. In seiner Verlegenheit entschloss sich der Staatskanzler zu einem der größten diplomatischen Missgriffe seines Lebens. Er schrieb an Metternich (3. Dezember) einen unbegreiflichen Brief, der das gute Herz des österreichischen Freundes durch bewegliche Worte rühren sollte: „Teurer Fürst, retten Sie Preußen aus seinem gegenwärtigen Zustande"; dazu einige schwülstige

Verse aus dem „Rheinischen Merkur", welche den Doppeladler einluden, mit dem schwarzen Aar gefälligst auf derselben Rieseneiche zu horsten! Mit kaum verhehltem Hohne antwortete Metternich in einer vertraulichen Note vom 10. Dezember. Er nahm jetzt amtlich seine früheren Zusagen zurück, bot dem preußischen Freunde nur noch ein Fünftel des sächsischen Landes, ein Stück der Lausitz mit etwas über vierhunderttausend Einwohnern: erhalte der Albertiner seine Krone nicht wieder, so komme der Deutsche Bund nicht zustande, und Frankreich übernehme wieder das Protektorat der Kleinstaaten. Während er also die Preußen vor den französischen Ränken warnte, übergab er selbst (16. Dezember) diese seine vertrauliche Note an Talleyrand, auf Befehl des Kaisers Franz, damit König Ludwig ersehe, welche „vollkommene Übereinstimmung der Ansichten" zwischen Österreich und Frankreich in der sächsischen Frage bestehe! Die Treulosigkeit der Hofburg enthüllte sich so ungescheut, dass der ehrliche Görres entrüstet schrieb: Preußen braucht nur die beiden k.k. Noten vom 22. Oktober und 10. Dezember nebeneinander drucken zu lassen, um in den Augen aller rechtschaffenen Leute recht zu behalten. Hardenberg war wie aus den Wolken gefallen; *non fidem servavit* schrieb er verzweifelnd in sein Tagebuch, als er das Eintreffen jener „ganz und gar unerwarteten" Antwort verzeichnete. Doch sah er wohl, dass auf die Meinung der rechtschaffenen Leute in diesem Machtkampfe gar nichts ankam; er sprach dem Österreicher (in einer mit Alexander vereinbarten Note vom 16. Dezember) sein schmerzliches Befremden über den Gesinnungswechsel der Hofburg aus und bot, da sein westfälischer Entschädigungsplan keinen Anklang gefunden, jetzt ein Stück des linksrheinischen Landes, mit Trier und Bonn, zur Versorgung Friedrich Augusts an. Er schloss seine Note mit der Versicherung, dass Preußen noch immer zumeist auf Russlands und Österreichs Beistand baue.

In Wahrheit begann man auf beiden Seiten bereits die Möglichkeit eines Krieges zu erwägen. Die Erbitterung im preußischen Volke stieg zusehends. Eine Adresse aus Berlin stellte dem Könige die Kräfte des Landes für den gerechten Kampf zur Verfügung, und Stägemann sang zürnend:

> Die Fahne Brandenburgs, mein Lied,
> Die schwinge noch einmal,
> Und noch einmal erzürnt Gemüt,
> Ergreif den tapfern Stahl! ...
> Die Hunde Frankreichs, noch nicht heil
> Von Wunden unsrer Jagd –
> Auf, Kugelblitz, auf Lanzenpfeil! –
> Die Hunde wollen Schlacht!

Man erfuhr durch Goltz, dass die französische Armee, auf Talleyrands Antrag, in der Stille verstärkt wurde. Man hörte von dem Plane, die sächsischen Truppen, welche unter preußischem Oberbefehle nördlich der Mosel standen, im rechten Augenblicke mit den Bayern und Österreichern auf dem rechten Moselufer zu vereinigen. Unter den k.k. Generalen zeigte Schwarzenberg die froheste Siegeszuversicht; hatte er doch im letzten Kriege die kleinen Köpfe Blüchers und Gneisenaus genugsam verachten gelernt. Am 16. Dezember enthüllte Metternich dem Grafen Münster seine Absicht, einen Deutschen Bund ohne Preußen zu bilden, falls Preußen die sächsischen Ansprüche nicht aufgebe; Österreich beanspruchte selbstverständlich nur die bescheidene Stellung des Ersten unter Gleichen. Der welfische Staatsmann begriff sofort: das bedeute den Krieg und die Auflösung des Kongresses; er war zu allem bereit, obwohl ihm Österreichs Herrschsucht und die ungünstige geographische Lage Hannovers einige Sorgen bereiteten, und verlangte von England die Verlängerung des Subsidienvertrages, damit das Welfenheer gerüstet würde. Der preußische Kriegsminister traf sofort seine Anstalten für die Gegenwehr. Am 26. Dezember übersendete Grolman den mit Boyen, Gneisenau und Schöler verabredeten Kriegsplan: zwei große Armeen in Sachsen und am Rhein sollten nach der guten friderizianischen Weise den Feldzug gleichzeitig durch eine kühne Offensive eröffnen, während ein Observationskorps Schlesien deckte. So bedrohlich erschien die Lage, dass man über alle Bedenken der militärischen Rangordnung hinwegsah und zu Feldherren der beiden Heere Blücher und Gneisenau vorschlug; neben diesen komme nur noch Bülow in Betracht, da Porck, Kleist und Tauentzien doch nur treffliche Korpsführer seien. Oberst Krauseneck, der in Mainz unter dem österreichischen Gouverneur Frimont die preußische Garnison befehligte, erhielt Auftrag, sich sofort auf gegebenen Wink der Festungswerke am rechten Ufer zu bemächtigen; sie genügten, um den Platz in Schach zu halten, zur Besetzung der ganzen Festung reichten die bescheidenen Kräfte nicht aus. Auch die anderen Festungen ließ Boyen insgeheim ausrüsten. Die sächsischen Truppen am Rhein wurden ohne Aufsehen weiter nordwärts, in die Nähe preußischer Regimenter verlegt. Von den kleinen norddeutschen Kontingenten nahm Boyen an, dass sie allesamt, mit Ausnahme der Hannoveraner, den Fahnen Preußens folgen müssten. Die Monarchie war entschlossen, sogleich als der Herr von Norddeutschland aufzutreten; wer durfte in einem solchen Daseinskampfe nach dem Zetergeschrei und den Souveränitätsverwahrungen der Kleinfürsten fragen?

Inmitten dieser allgemeinen Verwirrung sah Talleyrand s einen Weizen blühen. Nachdem ihm Metternich die letzte österreichische Note über Sachsen amtlich mitgeteilt hatte, hielt sich der Franzose nunmehr berechtigt, selber von Amts wegen in die sächsischen Händel einzugreifen, und antwortete dem österreichischen Freunde am 19. Dezember. Da die polnische Frage zu einer einfachen Grenzfrage geworden sei, so sei die sächsische Angelegenheit gegenwärtig die wichtigste Prinzipienfrage für den Weltteil. Hier stehen die beiden Grundsätze der Legitimität und des Gleichgewichts zugleich auf dem Spiele. Man verbreitet heute die entsetzliche Lehre, dass Könige verurteilt werden können, dass die Strafe der Konfiskation wieder eingeführt werden darf, dass die Völker wie die Herden eines Meierhofes geteilt werden dürfen, dass es kein öffentliches Recht gibt, „dass für den Stärkeren alles gerecht ist". Aber Europa verflucht diese Grundsätze; „sie erregen den gleichen Abscheu in Wien, in Petersburg, in London, in Madrid und Lissabon" (also nicht in Berlin). Die Einverleibung Sachsens würde aber auch das Gleichgewicht Europas zerstören, inmitten des Deutschen Bundes „eine unverhältnismäßige Angriffsmacht" schaffen. Darum Herstellung des legitimen Königs; sind einige Abtretungen zur Entschädigung Preußens unvermeidlich, so wird Frankreich dem rechtmäßigen Herrscher dazu raten.

Durch diese Note warf Talleyrand den geheimen Artikel des Pariser Friedens den vier Mächten zerrissen vor die Füße. Nachdem er lange nur im Dunkeln gegen den Vertrag angekämpft, drängte er sich jetzt mit einer amtlichen Denkschrift in die Territorialverhandlungen ein, von denen Frankreich vertragsmäßig ausgeschlossen war, und unterstützte den österreichischen Vorschlag der Teilung Sachsens – was ihn freilich nicht abhielt, im selben Atemzuge den Fluch Europas wider die Politik der Länderverteilung auszusprechen. Schon die nächsten Tage lehrten, dass Frankreichs Vertragsbruch den österreichischen wie den englischen Staatsmännern hochwillkommen kam. Die drei

Mächte waren einig; bereits am 14. Dezember hielt Metternich die werdende Tripelallianz für so gesichert, dass er den sächsischen Agenten Schulenburg beauftragte, er möge seinem königlichen Herrn schreiben: Sachsen ist gerettet!

Da die formlosen Verhandlungen nicht zum Ziele führten, so beschloss man endlich, das Komitee der Vier wieder einzuberufen und die Gebietsfragen feierlich vor dem Forum der vier verbündeten Großmächte zu erledigen. Am 29. Dezember begann dies Komitee aufs Neue zu tagen. Der Verlauf war, wie zu erwarten stand: über Mainz war alle Welt einig; desgleichen über die Hauptpunkte der polnischen Angelegenheit; nur die sächsische Frage rückte nicht von der Stelle. Eine neue Note Hardenbergs an Metternich (vom 29. Dezember) fragte die Gegner: „Will man Preußen in die Notwendigkeit setzen, in Zukunft nach Vergrößerungen zu streben?" Sie erregte einen Sturm der Entrüstung, da man die Wahrheit des Vorwurfs fühlte. Auch eine Denkschrift Steins (vom 20. Dezember) konnte den österreichischen Minister nur in seiner Ansicht bestärken. Der edle Mann sagte voraus, das wiederhergestellte Sachsen werde im Norden eine ebenso gefährliche Macht der Zwietracht sein wie Bayern im Süden; er ahnte nicht, dass die Hofburg nichts sehnlicher wünschte als ein norddeutsches Bayern.

Die Hintergedanken Österreichs verrieten sich schon in der ersten Sitzung der Vier, als Metternich den Eintritt Talleyrands in das Komitee beantragte; zugleich erklärte er, ohne die Genehmigung Friedrich Augusts könne die sächsische Frage nicht entschieden werden.

Das hieß den Albertiner zum Herrn der Frage machen. Soweit wollte Castlereagh allerdings nicht gehen; aber für den Zutritt des französischen Ministers sprach auch er sich aus. Solchen Zumutungen traten Russland und Preußen mit wiederholten scharfen Erwiderungen entgegen; sie wollten Friedrich August unter keinen Umständen und auch Talleyrand erst dann in das Komitee einlassen, wenn die vier Mächte sich bereits geeinigt hätten. Es fielen bittere Worte, ernste Drohungen.

Unter dem Eindruck dieser leidenschaftlichen Auftritte verfiel Lord Castlereagh zuerst auf den unseligen Gedanken, welchen Talleyrand seit Monaten schürend und hetzend vorbereitet hatte: er beantragte insgeheim ein Kriegsbündnis zwischen England, Österreich, Frankreich und ihren kleinen Gesinnungsgenossen. Im Grunde ist es müßig, einen Charakter dieses Schlages nach seinen Beweggründen zu fragen. Der edle Lord war, was seine Landsleute *stubborn* nennen; in blindem Eifer rannte der englische Stier auf das rote Tuch der sächsischen Frage los, das ihm die gewandten Espadas Metternich und Talleyrand vorhielten; zudem war dem Lord soeben die Nachricht zugekommen, dass England in Gent mit Nordamerika Frieden geschlossen, also die Arme frei hatte. Irgendein Interesse, das den englischen Staat zum Kriege wider Preußen treiben konnte, war freilich auf der weiten Welt nicht vorhanden; aber man hatte sich seit vielen Wochen in die Entrüstung wider den Staat, der die Sache Europas verraten haben sollte, hineingeredet, und einmal doch musste das von „den Hunden Frankreichs" angefachte Feuer in hellen Flammen aufschlagen. Selbst Gagern wusste zur Entschuldigung der britischen Tollheit nur zu sagen: „Der Topf lief über, oder es war Vorwand." Während Metternich mit den Vertretern der Westmächte den Angriff auf Preußen besprach, ging der gesellige Verkehr der diplomatischen Welt in ungetrübter Munterkeit weiter; mit der gewohnten treuherzigen Gemütlichkeit bewirtete der gute Kaiser Franz seine fürstlichen Gäste, denen er das Messer in den Rücken zu stoßen hoffte. Noch am 2. Januar schrieb Metternich „seinem teuersten Fürsten" Hardenberg ein freundschaftliches Billett, bat ihn, wegen dringender Geschäfte die heutige Sitzung auf morgen zu verschieben; einige Stunden nachher kam er selber zu dem Staatskanzler, um Rücksprache zu nehmen wegen der Artikel über Thorn und Krakau. Von der Sitzung des 3. Januar berichten die Protokolle des Meter-Ausschusses nur, dass Österreich, im Wesentlichen mit den russischen Vorschlägen einverstanden, eine Vergrößerung seines polnischen Anteils verlangt habe. An demselben Tage, der sich so friedlich anließ, unterzeichnete Metternich mit Castlereagh und Talleyrand das Kriegsbündnis gegen Preußen und Russland. Der Wortlaut dieses seltsamen Vertrages war ebenso dunkel wie die Absichten seiner Urheber; man hatte guten Grund, das Licht zu scheuen.

Nach der Absicht seines eigentlichen Urhebers, Talleyrands, war der Bund unzweifelhaft dazu bestimmt, mit überlegener Macht das erschöpfte Preußen zu überfallen und von seiner neu errungenen Großmachtstellung wieder herabzustürzen. Der Franzose stand am Ziele seiner Wünsche; er rühmte sich mit vollem Rechte: „Ich habe für Frankreich eine föderative Stellung geschaffen, wie sie fünfzig Jahre glücklicher Unterhandlungen kaum hätten erreichen können", und ließ den General Ricard aus Paris kommen, um mit Schwarzenberg und Wrede den Feldzugsplan für das Frühjahr zu verabreden. Bereits wurden in Böhmen Truppen zusammengezogen, Wrede verkündete prahlend den unzweifelhaften Sieg, Münster aber zeichnete den Geist dieser unvergleichlich treulosen Politik mit dem frivolen Ausruf: „Wir spielen eine Partie *en trois*; ist der Feind geschlagen, so geht es gegen den Freund." Stein hat seitdem nie wieder Vertrauen zu den Welfen fassen wollen. In Friedrichsfelde atmete man auf. Der gefangene König gab seinem Bruder Anton Vollmacht, sofort beim Einmarsch des Heeres der Tripelallianz die Regentschaft in Sachsen zu übernehmen und empfing von dem Prinzen die frohe Botschaft: „Mein Schwager Franz wird unsern Nachbarn nicht sehr gnädig behandeln!"

Der Vertrag vom 3. Januar ist von lang nachwirkenden mittelbaren Folgen gewesen. Er hat Frankreich wieder eingeführt in die Gemeinschaft der Staatengesellschaft und zwischen den Westmächten jene vielgerühmte *entente cordiale* begründet, welche seitdem, immer nur auf kurze Zeit unterbrochen, fortgewährt hat bis zum heutigen Tage.[20] Er hat am Wiener Hofe den alten Choiseulschen Gedanken[21] des Bundes der katholischen Großmächte wieder belebt, eine Politik, der es fortan in der Hofburg niemals mehr an mächtigen Freunden fehlte. Er ließ zugleich eine natürliche Gruppierung der Mächte ahnen, die einer großen Zukunft sicher war: hier die Westmächte, Österreich und die Pforte; dort die jungen Staaten Preußen, Russland und Nordamerika.

Preußen lernte endlich, wessen man sich von Österreich selbst unter dem Segen des friedlichen Dualismus zu versehen habe. Hardenberg freilich hat die „unglückliche Übereilung" seiner österreichischen Freunde nur zu bald großmütig vergessen; doch unter den jüngeren, kräftigeren Männern der Regierungskreise blieb die Erinnerung an jenen Treubruch lange lebendig. Die alten glorreichen friderizianischen Überlieferungen fanden wieder mutige Bekenner; und jener Staatsmann, der nachher in langen, stillen Friedensjahren die Politik des großen Königs behutsam weiterführen sollte, der Hauptbegründer des Zollvereins, Eichhorn, hatte an den sächsischen Händeln mit seiner scharfen Feder teilgenommen und sich sein

---

20   d.h. 1879

21   Choiseul: Günstling der Pompadour, 1758 französischer Minister des Auswärtigen; seine Gedanken: die Allianz gegen Friedrich den Großen

Urteil über Österreich aus den Erfahrungen des Wiener Kongresses gebildet.

Es gibt aber ein letztes Maß des Unsinns, das in einer geordneten Staatengesellschaft auf die Dauer nicht überschritten werden kann. Kaum war der Vertrag unterzeichnet, so fragte sich Lord Castlereagh, wie er mit einer so ganz unenglischen Politik vor dem Parlamente bestehen sollte. Hatte England darum ein Vierteljahrhundert hindurch gegen Frankreichs Übermacht gekämpft, damit jetzt hundertundfünfzigtausend napoleonische Veteranen unter dem Lilienbanner wieder den Rhein überschritten? Man kannte in Wien, trotz aller Ableugnungen Talleyrands, die bonapartistische Gesinnung des französischen Heeres.

Und sollte der kaum erst blutig erkämpfte Friede wieder gestört werden – einem napoleonischen Satrapen zulieb? Die verbrecherische Torheit eines solchen Unterfangens begann dem Briten doch einzuleuchten; auch Metternich ward besorgt über den lauten Jubel der Franzosen und der Rheinbündler. Während der folgenden Wochen schlossen sich noch Sardinien, Bayern, Hannover, Darmstadt dem Bündnis vom 3. Januar an; ja, die Schwerfälligkeit der Oranischen Regierung hatte sogar den tragikomischen Erfolg, dass die Niederlande erst im April dem Kriegsbunde gegen Preußen förmlich beitraten – in einem Augenblicke, da die Welt durch Napoleons Rückkehr längst wieder verwandelt war und Preußens Heer bereits heranzog, die Niederlande gegen Frankreich zu verteidigen. Doch das Bündnis war tot geboren, eine wirkliche Kriegsgefahr bestand nur etwa sechs Tage lang. Schon in der Sitzung vom 9. Januar taten Österreich und England, auf Castlereaghs Andringen, einen ersten Schritt zur Versöhnung.

Sie gaben die feierliche Erklärung ab, dass die Verhandlungen über Sachsen lediglich den Zweck hätten, dem preußischen Staate die vertragsmäßige Entschädigung zu verschaffen, und darum die Entscheidung in keiner Weise von der Zustimmung Friedrich Augusts abhängig sei. Nur unter dieser Bedingung genehmigten Preußen und Russland den jetzt unvermeidlichen Eintritt des französischen Ministers. Am 12. Januar trat Talleyrand in den Rat der Großmächte ein. Das Komitee der Vier erweiterte sich zum Fünfer-Ausschuss, und diese Fünf bildeten den eigentlichen Kongress, so dass die erlauchte Versammlung gerade vier Monate gebraucht hatte, um sich nur zu konstituieren. Das Übergewicht der fünf großen Mächte erzwang sich Geltung, allen Abreden zuwider. Nunmehr fand Talleyrand selbst die Hegemonie der Großmächte nicht mehr unverträglich mit „dem öffentlichen Rechte"; keine Rede mehr von allen den wohllautenden Gründen, womit er einst zu Beginn des Kongresses die Gleichberechtigung aller Staaten Europas verteidigt hatte.

Auch die preußischen Staatsmänner begannen einzusehen, dass einige Nachgiebigkeit geboten war. Der Vertrag vom 3. Januar blieb ihnen freilich völlig verborgen. Als die Grenzverhandlungen um jene Zeit nicht vorwärts wollten, da haben die preußischen Bevollmächtigten einmal dem niederländischen Minister Nagell gedroht: wenn Holland allzu widerspenstig bleibe, so werde Preußen sich an Frankreich anschließen – was der Holländer sofort, triumphierend über die arglose Unwissenheit der Preußen, seinen englischen Freunden meldete. So wenig ahnte Hardenbergs Staatskanzlei, dass der Kriegsbund der Gegner bereits geschlossen war. Doch auf die Möglichkeit eines Krieges war sie längst gefasst; zu so vielen anderen drohenden Anzeichen kam jetzt noch die sichere Nachricht, dass England und Österreich, auf Talleyrands Betrieb, die Pforte zu einem Angriff auf Russland zu bereden suchten. Man konnte sichs nicht verbergen, die Einverleibung Sachsens ließ sich höchstwahrscheinlich nur durch einen europäischen Krieg erreichen. Und war denn die Frage, ob die Albertiner in Münster, Trier oder Dresden hausen sollten, wichtig genug, um deshalb das ermüdete Volk nochmals unter die Waffen zu rufen? Die wohlmeinenden Männer der Staatskanzlei überkam doch zuweilen ein Gefühl patriotischer Scham, wenn sie zurückschauten auf den jammervollen Gang des Kongresses: vier Monate unablässigen Streites, und noch kein einziges positives Ergebnis für Deutschland gesichert! In der arg enttäuschten Nation stieg der Missmut also, dass selbst Goethe einmal zürnend aus seiner olympischen Ruhe heraustrat. Am 2. Januar brachte eine Jenaer Zeitung ein Gedicht des Altmeisters:

> *Sagt, wie schon am zweiten Tage*
> *Sich ein zweites Fest entzündet?*
> *Hat vielleicht willkommne Sage*
> *Vaterland und Reich gegründet?*
> *Nein! –*

Und mit diesem harten Nein ging der Alte gelassen dazu über, dem „würdigen und biedern" gothaischen Minister Frankenberg zum Jubelfeste Glück zu wünschen. Das vornehm-geringschätzige Wort des Dichters machte, wie Varnhagen versichert, auf die Besseren der deutschen Diplomaten doch tiefen Eindruck; man empfand immer schmerzlicher, dass man bisher gar nichts geleistet. Und nun sollte gar dieser Kongress, der berufen war, dem zerrütteten Weltteil eine dauerhafte Ordnung zu geben, mit einem neuen europäischen Kriege enden?

Sehr bald sah Hardenberg ein, dass er eine solche Verantwortung nicht übernehmen dürfe. In der Sitzung der Fünf vom 12. Januar verlangte er zwar nochmals das ungeteilte Sachsen; doch insgeheim beriet er bereits seit einigen Tagen mit dem getreuen Hoffmann, ob es nicht geraten sei, auf einen Teil Sachsens zu verzichten, und schon am 13. Januar entwarf er einen Plan *très-confidentiel*, worin er die Möglichkeit zugab, etwa achthundertundvierzigtausend Einwohner von Sachsen wieder an Friedrich August zu überlassen. Dafür forderte er Bayreuth, „die Wiege unserer Ahnen. Politische und militärische Gründe raten sowohl uns als den andern Mächten, nicht zu gestatten, dass Frankreich, Bayern und Sachsen in den Besitz einer ununterbrochenen, Deutschland von den Grenzen Frankreichs bis nach Böhmen und Preußen hin durchschneidenden Querlinie kommen". Die Sorge vor einem neuen Rheinbunde blieb nach wie vor bestimmend für Preußens Politik.

Sobald dieser Entschluss dem Ausschuss der Fünf bekannt wurde, war der Boden geebnet für die Verständigung. Die sächsische Angelegenheit verlor den Charakter einer Prinzipienfrage, und es begann der unerquickliche Streit um die einzelnen Stücke des sächsischen Landes. Die Aufgabe der preußischen Unterhändler blieb noch immer sehr schwierig.

Sie verlangten vor allem die Saalepässe sowie die Festungen Wittenberg und Torgau; die Bedeutung dieser Positionen für die damalige Kriegsweise hatte sich in den Kriegen von 1806 und 1813 genugsam gezeigt, und – dessen hatten Hardenberg und Humboldt gar kein Hehl – ein freundnachbarliches Verhältnis zu den Albertinern stand auf lange Jahre hinaus nicht zu hoffen. Sie forderten ferner den größten Teil der Lausitz mit dem reichen Görlitz, und endlich Leipzig.

Die Stadt war nicht nur hochwichtig als der Mittelpunkt des geistigen wie des wirtschaftlichen Lebens der obersächsischen Lande; der große Messplatz musste auch, wenn er eine sächsische Grenzstadt blieb, voraussichtlich durch einen schwunghaften Schmuggelhandel für das preußische Zollwesen sehr gefährlich werden. Fast jede dieser Forderungen fand bei den Verbündeten vom 3. Januar lebhaften Widerspruch. Talleyrand zitterte für das deutsche Gleichgewicht: falle Torgau an Preußen, so werde Österreich gezwungen, ein unerschwinglich kostspieliges Heer zu halten. Metternich wünschte den preußischen Anteil auf die Niederlausitz zu beschränken und bot dem Staatskanzler sogar das schon für Österreich selbst bestimmte Tarnopol an, wenn er nur seine sächsischen Ansprüche ermäßige. Castlereagh endlich suchte namentlich Leipzig für die Albertiner – das will sagen: für den englischen Schmuggel – zu retten.

Höchstwahrscheinlich hätte Preußen, einem so allgemeinen Widerstande gegenüber, selbst in diesem letzten Stadium der sächsischen Frage nochmals den kürzeren gezogen, wenn man nicht doch noch zum Degen greifen wollte. Jetzt aber zeigten sich die vorteilhaften Folgen jener vielgescholtenen Schwenkung des Königs. Der Zar unterstützte fest und nachdrücklich jeden Anspruch seines Freundes, und da die Gegner, mit einziger Ausnahme Frankreichs, den Krieg nicht ernstlich wollten so haben sie schließlich den meisten der preußisch-russischen Forderungen nachgegeben. Talleyrands Muse schwelgte wieder in freien Erfindungen, um die feste Eintracht der beiden Mächte zu zersprengen.

Da sollte Alexander ärgerlich ausgerufen haben: „Ach, wenn ich mich nur nicht so tief eingelassen hätte! Wenn ich nur mein Wort nicht gegeben hätte!" – und was der Anekdoten mehr war. Sehr möglich, dass Czartoryski seinem kaiserlichen Freunde riet, die Preußen preiszugeben; Talleyrand selbst nannte den Polen seinen nützlichsten Vermittler. Aber die Interessen, welche die russische mit der preußischen Politik verbanden, waren stärker als Alexanders Launen oder der Deutschenhass seines sarmatischen Ratgebers: wurde Preußen nicht vollständig entschädigt, so konnte Russland die ersehnte Prosnagrenze nicht erlangen. Darum hielt der Zar treu zu seinem Freunde und betrieb, wie Gentz erbost an Karadja schrieb, die preußischen Forderungen ganz so eifrig wie seine eigenen. In dem gesamten Verlaufe dieser letzten Verhandlungen ist es nicht ein einziges Mal geschehen, dass Russland sich von Preußen getrennt hätte. Wenn der Zar schließlich aus dem Streite größeren Vorteil zog als sein Verbündeter, so lag der Grund nicht in irgendeiner Treulosigkeit der Russen, sondern in der Tatsache, dass jetzt nur noch die preußischen, nicht mehr die russischen Ansprüche durch Österreich und die Westmächte bestritten wurden.

Lediglich der verständigen Politik des Königs war es zu verdanken, dass nach peinlichem Streite die Saalepässe und die nordthüringischen Lutherlande, die Festungen der Elblinie und Görlitz an Preußen kamen.

Nur Leipzig wurde durch die englische Handelspolitik hartnäckig verteidigt. Als alle Einigungsversuche scheiterten, da entschloss sich Alexander auf Castlereaghs dringende Vorstellungen endlich zu einem „Opfer", das ihm hart ankam: er bot (8. Februar) zum Ersatz das feste Thorn und dessen Umgebungen.

Nunmehr galt es, an anderen Stellen Deutschlands die zu Preußens voller Entschädigung noch fehlenden Landstriche zu suchen. Den unglücklichen Einfall, die Bayreuther Angelegenheit wieder aufzunehmen, gab der Staatskanzler bald auf. Dagegen ließ Metternich die so lange und hartnäckig festgehaltene Moselgrenze fallen; Preußen erhielt Koblenz und das Gebirgsland zwischen Saar und Nahe. Die preußischen Staatsmänner verhehlten nicht, dass der König nur um Deutschlands, „nur um des allgemeinen Wohles willen" den linksrheinischen Besitz übernehme; Preußen gelange dadurch in eine ähnliche bedrohte Stellung wie einst Österreich durch die Erwerbung Belgiens.

Eben diese Bedrängnis des Nebenbuhlers war in Metternichs Augen der einzige Trost für das unwillkommene Vorrücken Preußens gegen Süddeutschland hin; wie schön, meinte er zu seinen Vertrauten, dass man Preußen also mit Frankreich unmittelbar „kompromittiert" habe!

Übrigens gönnte er dem preußischen Gebiete nicht einmal auf dem linken Rheinufer eine genügende Abrundung. Ein Stück des alten Saar-Departements wurde vorbehalten, um hier, dicht an der gefährdeten Grenze, die Ansprüche von Oldenburg, Koburg, Homburg, Strelitz und Pappenheim zu befriedigen. Nach Österreichs Ansicht war es ja ein Gebot weiser Politik, möglichst viele Kleinstaaten zur Verteidigung der Rheingrenze zu nötigen. Es war, als wollte die Hofburg die benachbarten Elsass-Lothringer durch den täglichen Anblick des ganzen Elends deutscher Kleinstaaterei gründlich von dem Segen französischer Staatseinheit überzeugen. Sodann bewilligte Castlereagh, dass die Landforderungen Hannovers und der Niederlande zu Preußens Vorteil etwas herabgesetzt wurden, Auch die polnischen Händel kamen während der nächsten Wochen ins gleiche. Durch den Vertrag vom 3. Mai 1815 wurde die neutrale Republik Krakau begründet. Eine Kommission der drei Teilungsmächte – für Preußen Jordan und Stägemann – ging hinüber, um die neue Verfassung einzurichten. Indes fühlte man von vornherein, wie lebensunfähig diese lächerlichste von allen Kunstschöpfungen des Kongresses war; schon die Instruktion der Kommissare drohte mit dem Einschreiten der drei Mächte, falls der junge Freistaat zu einem Herde des Aufruhrs würde.

Der englische Bevollmächtigte ließ es sich nicht nehmen, noch einmal die der britischen Tugend so wohltuende und dabei so wenig kostspielige Rolle des Protektors sarmatischer Freiheit zu spielen; so hoffte er zugleich den Zorn der Whigs über die Preisgebung Polens zu beschwichtigen. Er verlangte in einer phrasenhaften Zirkularnote vom 12. Januar: da ein unabhängiges Polen unter einem eigenen Herrscherhause leider unmöglich sei, so sollten die drei Teilungsmächte sich mindestens verpflichten, „die Polen als Polen zu behandeln". Die naive Unwissenheit des edlen Lords dachte die drei Teilungsmächte auf einen Fuß zu behandeln; wer hätte auch diesem Kopfe beibringen sollen, dass Preußen zu dem kleinen, schon teilweise germanisierten Posen ganz anders stand als Österreich zu dem polnisch-ruthenischen Galizien oder Russland zu der Hauptmasse der alten Adelsrepublik?

Wollten die Ostmächte diese neue unberufene Anmaßung Englands nach Gebühr abfertigen, so mussten sie das Kabinett von St. James verbindlich ersuchen, zuvörderst die Iren als Iren zu behandeln. Sie verschmähten jedoch weislich, einen neuen müßigen Streit zu erregen, und antworteten mit höflichen nichtssagenden Noten. Hardenberg erwiderte (30. Januar): Preußen sei bereit, dem Posener Lande eine den Gewohnheiten und dem Geiste der Einwohner entsprechende Verwaltung zu geben und zu zeigen, dass das nationale Dasein der Völker unter jeder Regierung unangetastet bleiben könne. Auf eine Beschränkung der eigenen Souveränität ließ er sich nicht ein. Es war für Österreich wie für Preußen gebieterische Pflicht, sich nicht die Hände zu binden, da niemand den Verlauf der polnischen Experimente Alexanders berechnen konnte; auch der Zar selber wünschte nicht, in seinen völkerbeglückenden Plänen beaufsichtigt zu werden. Daher enthielt weder die Schlussakte des Kongresses noch der Vertrag der drei Teilungsmächte vom 3. Mai irgendein Wort, das die Polen zu politischer Selbständigkeit berechtigte. Die drei Mächte versprachen lediglich: „Ihre polnischen Untertanen sollen Institutionen erhalten, welche die Bewahrung ihres Volkstums sichern, in Gemäßheit der Staatsformen, welche jede der beteiligten Regierungen ihnen zu gewähren für gut finden wird." Dazu die Zusage freien, höchstens durch einen Zoll von zehn Prozent beschwerten Handels mit den eigenen Erzeugnissen der vormals polnischen Landesteile, freier Durchfuhr gegen mäßige Zölle und freier (d.h. unverbotener) Schifffahrt auf den polnischen Flüssen bis in die Seehäfen. Die Teilungsmächte waren mithin nur verpflichtet, Sprache und Sitte des Volkes zu schonen, desgleichen dem Handel einige geringfügige Begünstigungen zu gewähren; in allem übrigen behielten sie freie Hand.

Gegen Mitte Februars waren die Gebietsverhandlungen zwischen den Großmächten nahezu beendigt. Talleyrands Kriegslust hatte an dem tiefen Friedensbedürfnis der ermüdeten Zeit zuletzt doch einen unüberwindlichen Widerstand gefunden; in dem Komitee der Fünf gewann er keinen entscheidenden Einfluss, und die kläffende Meute seiner rheinbündlerischen Genossen wurde von den großen Mächten kurzweg zur Seite geschoben. Die deutsche Verfassung blieb freilich noch in tiefem Dunkel; doch da der Hofburg an der raschen Lösung dieser Frage wenig lag, so entwarf Gentz schon jetzt ein pomphaftes Manifest, das der bewundernden Welt verkünden sollte: „Die große Arbeit des Kongresses ist beendigt." Da kehrte Napoleon von Elba zurück, das von Talleyrand so prahlerisch geschilderte Kartenhaus der bourbonischen Herrlichkeit stob vor dem Hauche des Imperators in alle Winde. Der französische Minister, der soeben noch pathetisch versichert hatte, Millionen französischer Fäuste würden sich gegen den Korsen erheben, ward über Nacht ein machtloser Mann. Am 4. Januar hatte Talleyrand seinem Könige triumphierend geschrieben: „Die Koalition ist auf immer aufgelöst!" Jetzt führte die gemeinsame Gefahr die vier alliierten Mächte aufs neue zusammen, die letzten noch offenen Gebietsfragen wurden rasch abgetan. Vergeblich versuchte Napoleon die erneute Koalition zu sprengen, indem er die Urkunde des Vertrags vom 3. Januar, die er in den Tuilerien im Schreibtische Ludwigs XVIII vorgefunden, dem Zaren übersendete. Alexander verbrannte das unsaubere Aktenstück in Gegenwart Steins vor Metternichs unbeschämten Augen.

Man wollte der vergangenen Untreue nicht mehr gedenken.

Gleichzeitig mit den Beratungen der Großmächte erledigte Hardenberg noch eine überaus verwickelte diplomatische Arbeit: die Abrechnung mit Hannover, Schweden und Dänemark. Diese durch viele Monate hingezogenen dreifachen Verhandlungen zeigen in ihrem sonderbar verschlungenen Zusammenhange sehr anschaulich, welchen weiten Horizont der Blick der preußischen Staatsmänner umfassen musste wie nahe unser Staat, dank seiner zentralen Lage, selbst durch die entlegensten Händel des Weltteils berührt wurde; und sie haben dem Vaterlande einen bleibenden Gewinn gebracht: die Befreiung Pommerns von den letzten Resten der Fremdherrschaft. Trotz des Kieler Friedens[22] der die Lande nördlich der Peene an Dänemark gab, blieb der Staatskanzler unerschütterlich bei seinem Plane, Vorpommern und Rügen für Preußen zu erwerben; jener harte Kampf, den die Hohenzollern fast zweihundert Jahre hindurch mit der Feder und dem Schwerte um ihr altes Erbe geführt, sollte für immer beendigt werden.

Doch wie wollte man den rechtmäßigen Eigentümer, Dänemark, zur Abtretung des Landes nötigen, da doch Preußen von der dänischen Krone nicht das mindeste zu fordern hatte? Gleichwohl hat Hardenberg die wichtige

---

22 Kieler Friede: Januar 1814. Bernadotte hatte sich nach der Schlacht bei Leipzig gegen Dänemark gewandt und es zum Verzicht auf Norwegen gezwungen

Erwerbung ermöglicht durch gewandte Benutzung der wirrenreichen Streitigkeiten, welche die skandinavische Welt erschütterten.

Um die Dänen in Güte zur Abtretung von Vorpommern zu bewegen, musste man zunächst mit dem unbequemen kleinen Nachbarn wieder in freundlichen Verkehr treten. Es bezeichnet Hardenbergs finassierende Art, dass er ganz unbedenklich am 25. August 1814 mit Dänemark zu Berlin Frieden schloss. Die Witzbolde bespöttelten den Hardenbergischen Familienfrieden; der Staatskanzler unterzeichnete für Preußen, sein dem Vater ganz entfremdeter Sohn Graf Hardenberg-Reventlow für Dänemark. Der Vertrag enthielt, da die beiden Mächte kaum ernstlich gegeneinander gefochten hatten, nur die einfache Bestätigung des Kieler Friedens und die Wiederholung der dort gegebenen Zusage, dass Dänemark für Norwegen, außer Schwedisch-Pommern, noch weitere Entschädigungen erhalten sollte. Doch behielt sich Preußen vor, Ersatz zu verlangen für die Verluste, welche seine Flagge durch die dänischen Kaper erlitten hatte. Von Helgoland, das der Kieler Friede endgültig an England gegeben hatte, ist weder bei diesen Berliner Verhandlungen noch später auf dem Wiener Kongresse irgend die Rede gewesen. Man hatte kein Recht, die Insel für Deutschland zu fordern, da sie nie zum alten Reiche gehörte; die binnenländische Beschränktheit der deutschen Politik wusste den Wert des Platzes nicht zu würdigen, der doch soeben erst, in den Tagen der Kontinentalsperre, seine Bedeutung für den deutschen Handel gezeigt hatte. Die allgemeine Begeisterung für das großmütige Albion fand kein Arg daran, dass sich England in aller Stille ein kleines norddeutsches Gibraltar gründete.

Im Vertrauen auf diese Verträge kam der König von Dänemark nach Wien und hoffte dort, außer Vorpommern auch noch Lübeck und Hamburg oder mindestens das

Fürstentum Lübeck zu gewinnen. Er wurde der Bruder Lustig der erlauchten Gesellschaft, man lachte viel über seine drolligen Matrosenspäße; doch seine Politik fand nirgend Unterstützung, der getreue Bundesgenosse Napoleons stand unter den Staatsmännern der Legitimität ganz vereinsamt. Lord Castlereagh meinte sich nicht verpflichtet, dem kleinen Staate, welchen England zweimal räuberisch überfallen hatte, jetzt wenigstens das gegebene Wort zu halten. Der Dänenkönig erreichte nur den Fortbestand des Sundzolles, allerdings ein wertvolles Zugeständnis für die dänischen Finanzen. Als ihm Metternich beim Abschiede zurief: *Sire, vous emportez tous les coeurs!* – gab der Betrogene seufzend zur Antwort: *Mais pas une seule âme.* Während dem war auch Vorpommern den Dänen verloren gegangen. Die Norweger, geführt von ihrem Statthalter, dem dänischen Prinzen Christian, hatten sich dem Kieler Frieden widersetzt, ihrem Lande eine selbständige Verfassung gegeben und den Statthalter zum König erwählt; darauf war Bernadotte mit seinen Schweden eingerückt, bis nach einem Feldzuge von vierzehn Tagen Prinz Christian in dem Vertrage von Moß (14. August 1814) seine Ansprüche aufgab. Durch Verhandlungen zwischen der Krone Schweden und dem norwegischen Storthing wurde nachher die Vereinigung der beiden Königreiche der Halbinsel herbeigeführt. Noch heute bleibt es dunkel, wieweit die berufene dänische Treue bei jener Erhebung der Norweger mitgewirkt hat. Jener schlaue Franzose aber, der Schwedens Geschicke leitete, wollte natürlich an der Mitschuld des Kopenhagener Hofes nicht zweifeln; er erklärte, der Kieler Friede sei durch Dänemark gebrochen, darum könne auch Vorpommern nicht ausgeliefert werden.

Es war sicherlich nicht an Preußen, den unparteiischen Richter zu spielen in diesen unerquicklichen Händeln der nordischen Mächte; die nationale Politik gebot, den Streit der Fremden um das deutsche Land zu Deutschlands Vorteil auszubeuten und die verlorene Mark dem Vaterlande zurückzubringen. Eine Aufgabe, wie geschaffen für Hardenbergs schmiegsame Gewandtheit. Österreich und Frankreich, in früheren Zeiten die hartnäckigsten Feinde der pommerschen Politik der Hohenzollern, verhielten sich diesmal zum Glück ganz gleichgültig. Der Staatskanzler verständigte sich zunächst mit Schweden. Bernadotte war bereit, seine Ansprüche auf Vorpommern gegen eine Summe Geldes an Preußen abzutreten; am 13. Mai 1815 berichtete Münster dem Prinzregenten als unzweifelhaft, dass Preußen und Schweden schon längst handelseinig seien. Also gegen Schweden gedeckt, rückte Hardenberg mit seinen Ansprüchen gegen die dänischen Kaper heraus und versuchte auch die Dänen zum Verzicht auf Vorpommern zu bewegen. Dies war nur möglich, wenn man ihnen einen Ersatz an Land und Leuten bot; denn Dänemark hatte unzweifelhaft das bessere Recht auf Vorpommern. Auf der weiten Welt ließ sich aber nur ein Land finden, das man den Dänen vielleicht zum Ersatze bieten konnte: das Herzogtum Lauenburg rechts der Elbe. Welche Zumutung: für die fünfundsiebzig Geviertmeilen des reichen Vorpommerns neunzehn in Lauenburg; für die Seefestung Rügen, für das prächtige Stralsund und die Greifswalder Hochschule bloß – das Grab Till Eulenspiegels und zwei Drittel der guten Stadt Ratzeburg, denn ihr Domhof gehörte dem Strelitzer Vaterlande! Nur die Bedrängnis des von allen Seiten bedrohten Kopenhagener Kabinetts ließ es möglich scheinen, dass Dänemark auf einen so ungleichen Tausch eingehen würde, der ihm nur den einen Vorteil bot, das holsteinische Gebiet abzurunden.

Lauenburg war aber ein rechtmäßiges Besitztum des hannoverschen Hauses, und so hing denn die Erwerbung Vorpommerns von einer Verständigung mit den Welfen ab, denen Preußen überdies noch die in Reichenbach ausbedungene Vergrößerung um zweihundertundfünfzigtausend bis dreihunderttausend Seelen schuldete. Dass Hildesheim zu dieser Entschädigung verwendet werden sollte, stand bereits fest; die Abtretung von Ostfriesland dagegen hatte der König standhaft zurückgewiesen, und seitdem war das treue Völkchen seinem Herzen nur noch teurer geworden. Gleichwohl liefen beunruhigende Gerüchte durchs Land; die Abtretung an die Welfen, so hieß es, stehe doch noch bevor. Schwer besorgt schrieb der Oberpräsident Vincke an den Staatskanzler: nimmermehr dürfe man dies Kernvolk aufopfern, ein Ostfriese sei mehr wert als zwanzig halbfranzösische Rheinländer; auch biete der Besitz der Ems den einzigen freien Zugang zur Nordsee, das einzige Mittel, den Rheinzöllen der Holländer entgegenzuwirken..

Da gab der Streit um Vorpommern den welfischen Diplomaten eine bequeme Handhabe, um den in Reichenbach gescheiterten Versuch zu erneuern. Der Staatskanzler verlangte jetzt von den Welfer Lauenburg, und da er außerdem noch die vertragsmäßige Vergrößerung für Hannover beschaffen musste, so ersah Münster rasch seinen Vorteil und forderte als Ersatz: Ostfriesland und jenen „Isthmus" des Göttinger Landes, der nach Hardenbergs Plänen die östlichen Provinzen Preußens mit dem Westen verbinden sollte. Die letztere Forderung ließ sich nicht abweisen, sie ist jedoch in Berlin als ein offenbarer Beweis bösen Willens den Welfen lange nachgetragen worden; denn war man in Hannover ehrlich gesonnen, mit Preußen gute Freundschaft zu halten, so konnte die Umklammerung durch Preußen dem Welfenhofe nicht bedrohlich erscheinen. Noch tiefer verletzte den König die Zumutung wegen Ostfriesland; keine der vielen Enttäuschungen dieser traurigen Zeit hat ihn so schmerzlich berührt. Viele Monate hindurch, bis in den März hinein, widersprach er beharrlich; wie oft hat er Knefebeck deshalb zu dem Staatskanzler gesendet, was immer ein untrügliches Zeichen der Verstimmung war. Die Welfer aber bestanden auf ihrem Scheine. Nicht als ob sie die handelspolitische Bedeutung der Emsmündung irgend gewürdigt hätten; die herrlichen Ströme Niedersachsens waren in den Augen des welfischen Adelsregiments lediglich dazu bestimmt, mit ergiebigen Zöllen belastet zu werden. Aber Ostfriesland grenzte an Holland, und eine ununterbrochen zusammenhängende welfisch-oranische Nordwestmacht galt in London und Hannover wie im Haag als notwendig, um dem preußischen Nachbarn das Gleichgewicht zu halten. Deshalb verharrte Münster bei seiner Forderung, und König Friedrich Wilhelm stand schließlich vor der Frage: ob Vorpommern für Preußen wichtiger sei oder Ostfriesland.

Hardenberg stimmte unbedenklich für Pommern: denn da die Landgrenze im Osten durch den Verlust von Warschau sich so ungünstig gestaltete, so war es für Preußen unerlässlich, mindestens auf der Seeseite sich zu decken und die Herrschaft über die Odermündungen ganz in seine Hand zu bringen; Ostfriesland aber, so wichtig es war, bildete doch nur einen Außenposten mehr.

Noch schwerer wog in Hardenbergs Augen eine Erwägung der nationalen Politik: der lange Kampf um die Befreiung Pommerns durfte wahrlich nicht damit enden, dass die Dänen, wie schon im Kieler Busen, so auch am Strelasunde sich einnisteten. Dagegen hatte Hannover selbst während seiner Verbündung mit England immer als ein deutsches Land gegolten, und seine gänzliche Abtrennung von Großbritannien schien damals, da Prinzess Charlotte noch lebte, sehr nahe, schon nach dem Tode des Prinzregenten bevorzustehen; an Hannover abgetreten, ging Ostfriesland dem deutschen Leben nicht verloren. Hardenberg hat keineswegs, wie ihm erbitterte Patrioten vorwarfen, in frevelhaftem Leichtsinn das ostfriesische Land preisgegeben, sondern das Für und Wider der verwickelten Frage gewissenhaft abgewogen und dann mit seinem richtigen politischen Blicke das kleinere Übel gewählt. Schon am 15. Februar ließ er in der Staatskanzlei einen Artikel für die Berliner Zeitungen schreiben, um die Leserwelt auf die Abtretung Ostfrieslands vorzubereiten und zugleich anzudeuten, dies schmerzliche Opfer sei das einzige Mittel zur Erwerbung des ungleich wertvolleren Vorpommerns. Der Aufsatz aber fand weder bei den Zeitgenossen noch bei späteren Historikern Beachtung. Im März endlich gab der König widerstrebend seine Zustimmung.

So kam denn am 29. Mai der Tauschvertrag zwischen Preußen und Hannover zustande: Lauenburg für Hildesheim, Goslar, Ostfriesland und ein Stück der Grafschaft Lingen; dazu zwei preußische Militärstraßen durch Hannover als Ersatz für den gewünschten „Isthmus".

Die alten Reichenbacher Forderungen der Welfen waren also doch, infolge der sächsischen Händel, um etwa fünfzigtausend Seelen herabgemindert worden. Am 4. Juni sodann trat Dänemark seine Rechte auf Schwedisch-Pommern an Preußen ab und erhielt dafür Lauenburg nebst zwei Millionen Taler; der Staatshaushalt war aber dermaßen erschöpft, dass man sich ausbedingen musste, diese geringe Summe erst vom Neujahr 1816 ab in vier halbjährigen Raten zu zahlen ! Endlich am 7. Juni gab Schweden, gegen dreieinhalb Millionen Taler, seine letzten Ansprüche auf deutschen Boden auf und erstattete zugleich die während der letzten Jahre veräußerten vorpommerschen Domänen dem neuen Landesherrn zurück. Preußen bewilligte mithin Ostfriesland und über fünf Millionen Taler für ein Land, das damals, freilich unter einer sehr schlaffen Verwaltung, nur einen jährlichen Überschuss von zweihundertundvierundzwanzigtausend Talern brachte.

Kaufmännisch betrachtet war das Geschäft sicherlich unvorteilhaft, Schweden allein gewann bei dem verwickelten Handel; die deutsche Nation aber hatte guten Grund, dem Staatskanzler für diese schwierige Arbeit zu danken.

Es war die höchste Zeit, Vorpommern von dem skandinavischen Leben zu trennen. Das Land war in fast zwei Jahrhunderten gänzlich für die drei Kronen des Nordens gewonnen; wie spät hatte doch selbst E. M. Arndt, fast vierzig Jahre alt, das Bewusstsein seines deutschen Volkstums gewonnen! Wieviel hundertmal haben die Rügener ihre Feste angetanzt unter den Klängen des alten Schwedensanges: *Gustafs skål!* Zu Anfang des Jahrhunderts sangen die Stralsunder Kaufherren bei festlichen Gelagen nach feierlicher Melodie das Nationallied:

> *Laßt die Politici nur machen!*
> *Ob Frankreich oder England siegt,*
> *Man kapert uns kein Schiff, kein Boot.*
> *Was hat es denn mit uns für Not?*

Nachher, da die blaugelbe Flagge die Schiffe der Stralsunder Reeder nicht mehr zu decken vermochte, begann diese Gemütlichkeit allerdings einem männlicheren Gefühle zu weichen; indes sahen der Landadel und das städtische Patriziat, von der schwedischen Krone mit kostbaren Privilegien überschüttet, der Rechtsgleichheit der preußischen Verwaltung mit sehr gemischten Empfindungen entgegen. Wunderbar schnell hat sich dann die Gesinnung des Landes verwandelt. Die Krone Schweden selber empfand, dass durch den Einzug der Preußen nur die natürliche Ordnung hergestellt wurde; König Karl XIII sprach zum Abschied seinen getreuen Pommern aus, Schweden sei durch die

Erwerbung Norwegens in eine „insularische Lage" gekommen und weniger denn je imstande, die entlegene deutsche Provinz zu verteidigen. Und dies wackere deutsche Land sollte schon nach wenigen Jahren bewähren, was der Sprecher der Ritterschaft, Graf Bohlen, bei der Huldigungsfeier versprach: „Wir werden beweisen, dass wir auch unter einer auswärtigen Regierung nicht verlernt haben, Deutsche zu sein." In Ostfriesland aber herrschte tiefe Trauer. Lange wollte man die Unheilsbotschaft nicht glauben; die königlichen Behörden versicherten wiederholt, dass sie von der Abtretung amtlich nichts wüssten. Das tapfere Landwehrregiment der Provinz focht noch bei Ligny und Belle Alliance unter preußischen Fahnen; noch im Juli 1815 ging eine Deputation der Stände nach Paris, ihre Mitglieder im Verein mit den Landwehrmännern beschworen den König, die Provinz nicht zu verstoßen.

Der Widerwille gegen das adelige Hannoverland war so allgemein in diesem Lande des Handels und der Bauernfreiheit, dass man die Abtretung erst zu Ende des Jahres 1815 zu vollziehen wagte. Auch dann währte die alte Treue fort; wie lange noch haben die ostfriesischen Studenten in Göttingen die schwarzweiße Kokarde an der Mütze getragen, und wenn sie beim Landesvater das „Friedrich Wilhelm lebe hoch" sangen, dann liefen den ehrlichen Jungen die hellen Tränen über die Backen. Bis zum Tode des Königs hat Ostfriesland „seinen alten herrlichen Festtag" gefeiert; noch am 3. August 1839 sahen die Badegäste auf Norderney mit Erstaunen, wie auf jedem Fischerhause der Insel eine preußische Flagge wehte.

Hatte der Staatskanzler in diesen Verhandlungen, freilich nur durch ein schweres Opfer, das Interesse des Staates klug gewahrt, so musste er dagegen bei den Unterhandlungen mit den Niederlanden die Folgen seiner früheren Übereilungen tragen. Alle jene verschwenderischen Zusagen, die man während des Winterfeldzuges dem Schoßkinde der englischen Politik gegeben, ließen sich nicht mehr zurücknehmen; auch gelangte Hardenberg selbst in Wien noch nicht zu der Einsicht, dass dies durch Preußens Waffen wieder eingesetzte Oranische Haus eine entschieden feindselige Gesinnung gegen Deutschland hegte. Er betrachtete die Niederlande noch immer als eine feste Vormauer Deutschlands und begrüßte es mit Freuden, dass mindestens Luxemburg dem Deutschen Bunde beitrat. War doch dies Ländchen damals noch kriegerisch und entschieden franzosenfeindlich gesinnt; die Erinnerung an die k.k. Latour-Dragoner und die Jäger von Le Loup lebte noch im Volke. Die preußischen Diplomaten trugen dem oranischen Unterhändler seinen in den sächsischen Händeln bewährten legitimistischen Feuereifer nicht nach, sondern bewiesen, zu Gagerns eigenem Erstaunen, eine „ungemeine Nachgiebigkeit".

Von Jülich und anderen Pariser Verheißungen war freilich nicht mehr die Rede; jedoch Preußen erklärte sich bereit, einen Teil von Geldern, die Umgebung des festen Venloo abzutreten, und erprobte dabei nochmals die gehässige Gesinnung der englischen Staatsmänner. Gagern verlangte *„la Iisière de la Meuse"*: Preußisch-Geldern sollte Von seinem natürlichen Wasserwege, der Maas, abgesperrt, die Grenze überall mindestens eine Stunde östlich von dem Flusse gezogen werden. Er berief sich auf den Herzog von Wellington, der, noch ganz befangen in den altväterischen Gleichgewichtslehren des alten Jahrhunderts und voll Misstrauens gegen den unruhigen preußischen Ehrgeiz, in einem militärischen Gutachten die ungeheuerliche Behauptung aufgestellt hatte, ohne diese Lisiere würden die Niederlande durch Preußen erdrückt werden. In der gutmütigen Hoffnung, an den Oraniern für alle Zukunft dankbare Bundesgenossen zu haben, war Hardenberg schwach genug, auf diese unverschämte Zumutung einzugehen; so erhielt Deutschland jene Nordwestgrenze, die auf der Karte Europas ihresgleichen nicht findet.

Ein anderer der kleinen Gegner Preußens, Bayern, hatte seine törichte Feindseligkeit bitter zu bereuen. Wenn irgendein deutsches Fürstenhaus durch sein dynastisches Interesse auf Preußens Freundschaft angewiesen war, so doch sicherlich das durch die Hohenzollern so oft gerettete Haus Wittelsbach Preußens Staatsmänner waren auch im Jahre 1814, obgleich sie ein wohlbegründetes Misstrauen gegen Montgelas hegten, dem bayrischen Staate keineswegs feindselig gesinnt.

Das feste Mainz wollten sie freilich diesen unzuverlässigen Händen nicht anvertrauen; doch war Hardenberg in Paris geneigt, die badische und die linksrheinische Pfalz an Bayern zu geben, und noch in Wien riet Humboldt, die Bayern durch Entgegenkommen zu gewinnen, wenn sie nur irgend guten Willen für den Deutschen Bund zeigten. Die schamlos undeutsche Gesinnung, welche von Montgelas' Genossen zur Schau getragen wurde, die prahlerische Feindseligkeit Wredes und die unflätigen Schimpfreden der „literarischen Mordbrenner" des Münchener Hofes zwangen die Staatskanzlei zu einer veränderten Haltung. Montgelas war durch alte Neigung und Gewohnheit an Frankreich gebunden und mit den Führern der norddeutschen Patrioten, namentlich mit Stein und Görres, persönlich verfeindet; Wrede aber hoffte durch seinen lärmenden Eifer für Friedrich August sich die Dankbarkeit Österreichs, Englands und Frankreichs zu sichern und mit deren Hilfe eine reiche Entschädigung für Salzburg und das Innviertel zu gewinnen. Ein grober politischer Fehler, selbst vom Gesichtspunkte der rein dynastischen Politik betrachtet! England hat sich um die süddeutschen Gebietsfragen niemals viel gekümmert, Frankreich verlor gegen das Ende des Kongresses jeden Einfluss, und Österreich erwies sich bald als ein treuloser Freund.

Die großen Mächte schlossen ihren Frieden in der sächsischen Sache, und Wrede trug von seiner anmaßenden Zudringlichkeit nur den allgemeinen Hass davon; selbst in den Kreisen der rheinbündischen Diplomaten hießen die Bayern les *Prussiens du Midi*. Der Zar vor allem war tief erbittert und hörte willig auf den Freiherrn vom Stein, der nicht müde ward, ihm vorzustellen, wie gefährlich es sei, den Kernstaat des Rheinbundes zu vergrößern. König Friedrich Wilhelm vernahm mit Befremden durch seinen Gesandten Küster, dass die Münchener Patriotenkreise alltäglich über den Krieg gegen Preußen „wie über die natürlichste und leichteste Sache von der Welt" redeten. Durfte man diesem Staate gestatten, ganz Süddeutschland zu umklammern? Die Vereinigung der badischen Pfalz mit Bayern musste dem Staatskanzler jetzt in ganz anderem Lichte erscheinen, da die gewünschte Niederlassung Österreichs am Oberrheine nicht erfolgt war. Und war denn Preußen irgend gebunden an jene leichtfertigen Versprechungen, welche Metternich eigenmächtig und insgeheim den Bayern gegeben hatte? Wenn Preußen den feierlich verheißenen ununterbrochenen Zusammenhang seines Gebietes nicht hatte erreichen können, warum sollte nicht Bayern die gleiche Entsagung üben? Warum mussten Baden und die beiden Hessen, die für Deutschland nie ernstlich gefährlich werden konnten, eine schwere Beraubung ertragen, um den mächtigsten Staat des Rheinbundes ganz unbillig zu vergrößern?

Solche einfache Gründe der Politik und des Rechtes brachten den König und den Staatskanzler allmählich zu dem Entschlusse, dem Münchener Hofe nur die volle Entschädigung für die an Österreich abgetretenen Provinzen, doch nichts weiter zu gestatten. Zwar gelang es den bayrischen Unterhändlern, nachdem sie den ganzen Winter über mit einer Kommission der Großmächte gefeilscht und gemarktet, am 23. April 1815 einen vorläufigen Vertrag mit den Mächten der Koalition abzuschließen, wonach Bayern für Salzburg und das Innviertel einen unverhältnismäßigen Ersatz erhalten sollte: die Hauptmasse der linksrheinischen Pfalz, Hanau und ein großer Teil des östlichen Odenwalds, wurden den Wittelsbachern versprochen, dazu „der Heimfall der badischen Pfalz", sobald die regierende Linie des badischen Hauses ausstürbe. Aber der Aprilvertrag war tot geboren, denn er behielt ausdrücklich „die Zustimmung der beteiligten Souveräne" vor, und diese, Württemberg, Baden, beide Hessen, erhoben sofort lauten Einspruch.

Der badische Bevollmächtigte Marschall hatte schon früher dem Staatskanzler geschrieben: „Ludwig XIV. hat durch alle blutigen Kriege, die Europa während seiner Regierung erschütterten, nicht eine Million Einwohner für die französische Monarchie erworben, und nun will Bayern durch einen *coup de main* im Wege der Unterhandlungen sich um vierhunderttausend Untertanen bereichern." Jetzt erneuerte er seinen Protest. Auch König Friedrich Wilhelm fand es höchst unbillig, dass Hanau ohne jeden Rechtsgrund von Kurhessen abgerissen werden sollte. So geschah es, dass der Aprilvertrag nicht ratifiziert wurde und die Schlussakte des Kongresses die Streitfrage offen ließ.

Unter solchen Kämpfen kam die Wiederherstellung der preußischen Monarchie zustande. Das Ergebnis der Wiener Verhandlungen war eine halbe Niederlage der preußischen Politik; weder am Rhein noch in Sachsen noch an der polnischen Grenze hatte sie ihre Ziele vollständig erreicht. Der Staat war gegen den Besitzstand von 1805 um volle sechshundert Geviertmeilen kleiner und nur um kaum eine halbe Million Einwohner stärker geworden; er hatte die versprochene Abrundung nicht erlangt, sondern zerfiel wieder wie vor alters in zwei weit entlegene Massen. Zudem war ein den Hohenzollern verfeindetes Fürstenhaus wieder eingesetzt, ein lebensunfähiger Mittelstaat, der niemals wieder zu gesunden politischen Zuständen gelangen konnte, aufs Neue hergestellt. Die vier Kleinkönige beherrschten fast ein Viertel von dem Gebiete des Deutschen Bundes; die Lieblingsschöpfung Napoleons, die neue Macht der Mittelstaaten, hatte alle Stürme der Zeit überdauert. Im preußischen Volke erregte der Ausgang des diplomatischen Kampfes tiefe Verstimmung. Ganz im Sinne der öffentlichen Meinung schrieb Blücher: „Wir haben einen tüchtigen Bullen nach Wien hingebracht und uns einen schäbigen Ochsen eingetauscht." Die Gegner hatten ihrer Schadenfreude kein Hehl. Nicht zufrieden mit dem wirklich errungenen Erfolge, sprengten sie das Märchen aus, der preußische Staat habe sich widerwillig statt der südlichen Hälfte von Sachsen die Rheinlande aufladen müssen, während doch Hardenbergs Absichten von Haus aus zugleich auf Sachsen und das Rheinland gerichtet waren. Alle aber begegneten sich in der frohen Hoffnung, ein so künstliches politisches Gebilde könne nicht dauern.

Und doch frohlockten Preußens Feinde zu früh. Das Künstliche dieses Staatsbaues lag nicht darin, dass er zugleich die äußersten Marken des Ostens und Westens beherrschte, sondern allein darin, dass er noch nicht fertig war, dass jene Landschaften, welche die natürlichen Mittelglieder zwischen seinen Provinzen bildeten, ihm noch nicht angehörten.

Trotz aller Misserfolge im einzelnen hatte Preußen durch die Wiener Verhandlungen die Möglichkeit einer gesunden, kräftigen Fortbildung gewonnen. Die Gefahr eines neuen Rheinbundes, die in Wien so drohend schien, wurde durch Napoleons Rückkehr und abermalige Niederlage auf lange hinaus beseitigt. Die Schwäche der Bourbonen lag vor aller Augen; der von Preußen so hartnäckig bekämpfte Einfluss Frankreichs auf die kleinen Höfe blieb in der Tat während der nächsten Jahrzehnte sehr geringfügig. Und wie ganz anders stand Deutschland jetzt dem unruhigen Nachbarvolke gegenüber, da statt jener elenden, vom Versailler Hofe besoldeten geistlichen Fürsten der norddeutsche Großstaat die Wacht am Rhein übernahm. Des lästigen polnischen Besitzes ledig, verwuchs er jetzt fester denn je mit dem deutschen Leben; zu den jungenüber elbischen Kolonien traten die alten Kulturlande des Rheins mit ihren mächtigen Städten und ihrem entwickelten Gewerbefleiße hinzu. Es gab fortan kein deutsches Interesse mehr, das den preußischen Staat nicht im Innersten berührte. Er besaß, wie König Friedrich Wilhelm sagte, kein Dorf anders als mit der Zustimmung des gesamten Europas und gewann dadurch die Sicherheit, deren er bedurfte, um seine buntgemischten neuen Gebiete mit seinem Geist und Wesen zu durchdringen. Wenn er diese unsäglich schwere Aufgabe löste, wenn er das schöne Wort bewährte, das sein König in jenen Tagen aussprach: „Deutschland hat gewonnen, was Preußen erworben hat", dann konnte der halbe Erfolg der Wiener Verhandlungen für ihn leicht ebenso segensreich werden wie einst die diplomatische Niederlage des Großen Kurfürsten auf dem Westfälischen Friedenstage. Nicht aus Übermut wahrlich hatte Hardenberg die Gegner gefragt: „Wollt ihr Preußen durchaus zwingen, nach neuen Vergrößerungen zu streben?" Nur die Gedankenlosigkeit der Hofburg und der kleinen Staaten vermochte sich darüber zu täuschen, dass die neue Gestaltung des preußischen Gebietes keine Dauer versprach, dass eine Großmacht in so unnatürlicher Lage nicht verharren durfte. Die Hälfte Deutschlands gehorchte dem preußischen Zepter; war in dieser erst der deutsche Einheitsstaat fest und sicher begründet, so musste früher oder später die Stunde kommen, da das Schwert Friedrichs wieder aus der Scheide fuhr, um auch die andere Hälfte, die noch in allen Gliedern die Nachwirkung der zweihundertjährigen Fremdherrschaft verspürte, zum Vaterlande zurückzuführen.

Als ein Menschenalter später die Vertreter der Nation ohne die Mitwirkung der Fürsten über den Neubau des deutschen Gesamtstaates berieten, vergeudeten sie die günstige Zeit mit Beratungen über die Grundrechte des Volks. Derselbe dunkle Drang der Selbstsucht beherrschte die Diplomaten, die in Wien ohne Zuziehung der Nation über Deutschlands Zukunft verhandelten; das deutsche Verfassungswerk geriet nach kurzem Anlauf ins Stocken, der Streit über die dynastischen Interessen des Hauses Wettin nahm Monate lang alle Kräfte des Kongresses in Anspruch, und erst gegen das Ende des großen Fürstentages, als die Dinge bereits völlig aussichtslos lagen, ward in übereilter Hast die deutsche Bundesakte beendigt. Sehr günstig hatten die Aussichten freilich nie gestanden. Einem Lande, dessen Grenzen niemand kannte, dem unbestimmten Begriffe „Deutschland" eine feste politische Form zu geben, war an sich eine unmögliche Aufgabe. Ein erbarmungsloser Druck der Not, wie er einst die Staaten Nordamerikas gezwungen hatte, widerwillig auf ihre Souveränität zu verzichten, ward in jenem Augenblicke nicht fühlbar, da alle Welt auf eine lange Zeit friedlichen Behagens hoffte. So zeigte sich denn hart und nackt das politische Naturgesetz, das jeden Staat treibt, sein Ich, seine Unabhängigkeit bis aufs äußerste zu verteidigen. Ehrfurcht vor dem großen Vaterlande, Dankbarkeit gegen seine Befreier, Scham über die eigenen Frevel ließ sich von den Sklaven Napoleons nicht erwarten.

Die österreichischen Staatsmänner hatten noch in

Teplitz[23] beabsichtigt, die deutschen Souveräne wie die italienischen lediglich durch eine Defensivallianz mit der Hofburg zu verbinden. Aber schon während des Krieges war Metternich zu der Einsicht gelangt, dass angesichts der hochgespannten Erwartungen der deutschen Nation irgendeine festere Form bündischer Verfassung gewährt werden müsse. Deshalb, aus Furcht vor der Revolution, gab er in Chaumont[24] dem Drängen Hardenbergs nach und bewilligte die Zusage „eines föderativen Bandes" für die deutschen Staaten. Auch darin zeigte sich die Erstarkung des neuen Deutschlands, dass keine der fremden Mächte in Wien den Anspruch erhob, unmittelbar in die deutschen Verfassungshändel einzugreifen.

Für diese Arbeit, die ihm die heiligste aller irdischen Angelegenheiten blieb, setzte Stein die ganze Wucht seines heroischen Willens ein. Mit starrem Entsetzen sahen die kleinen Fürsten und Minister auf den unzähmbaren Mann, wie er einmal, die mächtigen Augen funkelnd, die Nase kreideweiß vor Zorn, dem bayrischen Kronprinzen die geballte Faust vor das Gesicht hielt. Doch was vermochte alle Leidenschaft, alle Ausdauer gegenüber einer Aufgabe, die schon völlig unlösbar geworden war durch den Dualismus der Großmächte, durch den bösen Willen der Rheinbundshöfe und nicht am wenigsten durch die allgemeine, auch von Stein selber geteilte politische Unklarheit der Zeit?

Sobald der Reichsritter sich überzeugte, dass Österreich die Wiederannahme der Kaiserwürde hartnäckig abwies, ließ er seine Teplitzer Pläne fallen und arbeitete, noch in

---

23 Teplitz: Allianzvertrag der Monarchen von Preußen, Russland und Österreich am 9. September 1813

24 Chaumont: Wo die in Anmerkung 23 Genannten am 9. März 1814 den Allianzvertrag mit England schlossen

Chaumont am 10. März 1814, einen neuen Bundesentwurf aus, welcher die exekutive Gewalt den vier größten deutschen Staaten zuwies. Sein Augenmerk war jetzt vornehmlich auf die Beschränkung des „Sultanismus" der kleinen Despoten gerichtet; darum Grundrechte, „Rechte der Deutschheit", von Bundes wegen jedem Deutschen gewährleistet, und ein aus Abgeordneten der Fürsten und der Landtage gemischter Bundestag. Im nächsten Sommer ward dieser Entwurf von neuem umgestaltet und im Juli, bei einer Zusammenkunft in Frankfurt, mit dem Staatskanzler und dem Grafen Solms-Laubach eingehend beraten. Widerstrebend ergab sich der Freiherr jetzt darein, die Abgeordneten der Landtage aus dem Bundestage auszuschließen; bildet man den Bundestag allein aus Fürsten, meinte er bitter, so vertraut man den Schutz der landständischen Rechte gerade denen an, welche ein Interesse haben, sie zu untergraben! Aber die Unmöglichkeit, bei Österreich und den Rheinbundshöfen ein deutsches Parlament durchzusetzen, sprang in die Augen, desgleichen die unbehilfliche Schwerfälligkeit einer allzu zahlreichen Bundesversammlung ohne Haupt; auch schien es bei der Macht, welche die Landesherren besaßen, in der Tat unziemlich, ihre Vertreter unter der Überzahl der Volksabgeordneten verschwinden zu lassen. Der so naheliegende Gedanke, ein Staatenhaus für die Fürsten, ein Volkshaus für die Vertreter der Nation zu bilden, tauchte noch nirgends auf; um die Verfassung der nordamerikanischen Union hatte sich noch niemand in Deutschland ernstlich bekümmert.

Den also umgebildeten Entwurf legte Graf Solms schon am 2. September in Hardenbergs Auftrag dem österreichischen Minister vor, und seltsam genug war das Werk geraten. Wie wunderlich hatten sich doch diese wohlmeinenden norddeutschen Patrioten gedreht und gewendet, um die Quadratur des Zirkels zu finden und das kaum halbdeutsche Österreich mit dem eigentlichen Deutschland unter einen Hut zu bringen.

Sie erkannten richtig, dass Österreich sich einer irgend kraftvollen Bundesgewalt nicht fügen konnte; jedoch da sie von der völligen Gleichheit Österreichs und Preußens wie von einem unantastbaren Glaubenssatze ausgingen, so verlangten sie für das Haus Lothringen nicht jene privilegierte Sonderstellung zurück, welche die kaiserlichen Erblande im alten Reiche seit Jahrhunderten eingenommen hatten, sondern schlugen vor: Österreich solle nur mit den Ländern westlich des Inns, Preußen nur mit den Provinzen links der Elbe in den engeren Bund eintreten, beide Mächte aber für ihr gesamtes Gebiet eine ewige Allianz mit Deutschland schließen. Dabei war als selbstverständlich vorausgesetzt, dass Österreich seine oberrheinischen Provinzen[25] doch noch wieder übernehmen würde. Auch die Schweiz und die Niederlande beabsichtigte man zu einem ewigen Bündnis einzuladen. Tragische Ironie des Schicksals! Unmittelbar nachdem die Märker, Pommern, Preußen und Schlesier den anderen Deutschen das Signal gegeben hatten für den Kampf der Befreiung, dachte unser erster Staatsmann alles Ernstes diese Kernlande des neuen Deutschlands vom Deutschen Bunde auszuschließen. Der leitende Gedanke des Reichsritters war die ehrliche Absicht, dem Volke der Rheinbundstaaten landständische Rechte und einige Sicherheit gegen den Sultanismus ihrer Fürsten zu gewähren; Stein wusste aber, dass die Einführung einer Verfassung in den altpreußischen Provinzen nicht einfach, in Österreich fast unmöglich war, und griff daher zu dem verzweifelten Vorschlage der Inn- und Elbgrenze.

---

25 Oberrheinische Provinzen: Vorderösterreich, namentlich der Breisgau, 1805 an Baden und Württemberg abgetreten

In dies Deutschland links der Elbe und des Böhmerwaldes wollten die preußischen Staatsmänner die Kreisverfassung des alten Reichs wieder einführen, damit die unbrauchbaren Kontingente der kleinsten Staaten zu leistungsfähigen Massen zusammengeballt würden. Daher sieben Kreise, und womöglich noch die Niederlande als achter burgundischer Kreis. Österreich und Preußen übernehmen in je zwei Kreisen, Bayern, Hannover, Württemberg in je einem das Amt des Kreisobersten, die militärische Führung und die Aufsicht über die Ausführung der Bundesgesetze; die vormaligen Kurfürsten von Baden und Hessen erhalten in je einem Kreise die Stelle des zweiten Kreisobersten. Hier aber erhob sich die peinliche Frage, ob man dem unsteten Ehrgeiz des Münchener und Stuttgarter Hofes eine verstärkte Macht gewähren dürfe. Alle kleinen Nachbarn zitterten vor der gewalttätigen Ländergier des Königs Friedrich; die Hechinger Regierung beschwor die preußischen Staatsmänner beweglich, doch ja dafür zu sorgen, dass ihr Ländchen nicht gänzlich von württembergischem Gebiete umschlossen würde, sondern durch badisches Land hindurch einen freien Zugang zum Bodensee erhielte. Deshalb schlug Stein vor, dem bayrischen und schwäbischen Kreise ausschließlich die Gebiete von Bayern und Württemberg zuzuweisen; die sämtlichen Kleinstaaten wurden der Führung der drei sogenannten deutschen Großmächte: Österreich, Preußen, England-Hannover untergeben. Diese sieben vormaligen Kurfürsten bilden zusammen den Rat der Kreisobersten, der die exekutive Gewalt, die auswärtige Politik und das Kriegswesen in seine Hand nimmt; kein Bundesstaat darf selbständig mit dem Auslande unterhandeln.

Der Kurfürstenrat des alten Reichs, der selbst in der Rheinbundsverfassung als Rat der Könige fortbestanden hatte, sollte also mit erhöhter Macht wieder aufleben. Stein wollte, wie alle preußischen Staatsmänner, soweit noch möglich zurückkehren auf den Rechtsboden, welchen die Fürstenrevolution von 1803[26] geschaffen hatte. Das Direktorium im Rate der Kreisobersten erhalten Österreich und Preußen gemeinschaftlich, dergestalt, dass Österreich wie vor alters den Vorsitz führt, Preußen aber das eigentliche Direktorium, die Geschäftsleitung, übernimmt, wie einst Kurmainz „Mund und Feder" des Regensburger Reichstags war. Die gesetzgebende Gewalt steht, gemeinsam mit den Kreisobersten, dem Rate der Fürsten und Stände zu, der alle mindermächtigen Fürsten, die Freien Städte und die Mediatisierten umfasst: jeder Stand, der ein Gebiet von mehr als fünfzigtausend Köpfen besitzt, erhält eine Stimme, gleichviel ob er noch Souverän heißt oder nicht, die übrigen zusammen haben sechs Kuriatstimmen.

Auf solche Weise wollte der Reichsritter den unglücklichen Opfern des Staatsstreichs von 1806 gerecht werden, ohne ihnen doch die Landeshoheit zurückzugeben. Er machte seine preußischen Freunde wiederholt darauf aufmerksam, dass man die in ihrer Macht so ungleichen Mediatisierten nicht alle auf gleichen Fuß behandeln dürfe; da sei das Gesamthaus Hohenlohe mit hundertundsechstausend Seelen, Fürstenberg mit dreiundachtzigtausend und so abwärts bis zu den Aspremonts, die ein Völkergewimmel von einhundertundfünfundneunzig Köpfen beherrschten. Den besten Teil des Entwurfs bildeten die Abschnitte über die Rechte der Nation: in jedem Bundesstaate sollen Landstände bestehen mit dem Rechte der Steuerbewilligung, der Vertretung der Landesrechte, der Mitwirkung bei der Gesetzgebung; jedem Deutschen wird die Sicherheit des Eigentums gewährleistet, desgleichen Pressefreiheit, das Recht der Beschwerde, das Recht, in

---

26 Fürstenrevolution: Siehe Anm. 2

andere deutsche Staaten auszuwandern und sich auf jeder deutschen Lehranstalt zu bilden.

Als Hardenberg am 13. September in Baden bei Wien diesen Plan mit Metternich besprach, zeigte sich sogleich, dass Österreich einen so ausführlichen Entwurf nicht wünschte. Die Hofburg war, wie Gentz seinem Karadja gestand, von vornherein gesonnen, in Wien nur die allgemeinen Grundzüge der Bundesverfassung festzustellen, alles weitere dem Frankfurter Bundestage zu überlassen; mehr als das schlechthin Unerlässliche wollte sie den Souveränen nicht zumuten.

Sodann verlangte Metternich, dass Österreich und Preußen mit allen ihren vormals „teutschen Ländern" dem Bunde beiträten; nur die Wacht am Oberrhein wollte Österreich durchaus nicht wieder übernehmen. Hardenberg gab umso leichter nach, da durch Österreichs Vorschlag der Rechtsboden von 1803 wiederhergestellt wurde. Mit Behagen erzählten die k.k. Diplomaten ihren Vertrauten, dass nunmehr der Kaiserstaat in allen Kriegsfällen, etwa die italienischen Händel ausgenommen, auf die Heeresfolge Deutschlands rechnen könne; lägen doch irgendwo in Galizien zwei alte schlesische Lehen, die sogenannten Herzogtümer Zator und Auschwitz, folglich sei der Deutsche Bund auch zur Verteidigung des österreichischen Polens verpflichtet!

Welche Provinzen der beiden Großmächte als teutsche Länder zu betrachten seien, das hatte freilich in jener *confusio divinitus ordinata*, die sich Römisches Reich nannte, niemand zu sagen gewusst, auch jetzt kam man darüber nicht ins klare; die Frage ward erst vier Jahre später auf dem Papiere mindestens, entschieden. Sicher war nur, dass mit Eintritt der Hauptmasse Zisleithaniens jede ernsthafte Bundesverfassung unmöglich wurde, und eben dahin ging Metternichs Absicht.

Endlich stellte der österreichische Minister seinem preußischen Freunde eindringlich vor, wie schwerfällig das zweiköpfige Direktorium sei; wieviel einfacher, wenn Österreich, das doch nicht auf alle seine alten Kaiserrechte verzichten könne, allein den Vorsitz übernähme; alle deutschen Geschäfte würden ja doch im Voraus vertraulich zwischen den beiden führenden Großmächten vereinbart werden; auch sei unter dem Präsidium „bloß eine formelle Leitung der Geschäfte zu verstehen-C Hardenberg gab nach; er hatte den Plan Steins von Haus aus nicht als ein festes Programm, sondern nur als einen Versuch betrachtet.

Ebenso blind wie er einst in den Anfängen seiner diplomatischen Laufbahn an Frankreichs Freundschaft geglaubt hatte, vertraute er jetzt auf Österreich; er wollte die Möglichkeit eines Streites zwischen den beiden Mächten nicht mehr zugeben und bemerkte nicht, welchen Vorteil in solchem Falle das Recht des Vorsitzes bot. Da auch Münster sich auf das entschiedenste gegen das zweiköpfige Direktorium erklärte, so wurde der preußische Entwurf nunmehr nach Österreichs Wünschen abgeschwächt und verkürzt, bis seine einundvierzig Artikel zu zwölf zusammengeschrumpft waren. Diese „Zwölf Artikel" legten die beiden führenden Staaten am 14. Oktober dem Fünfer-Ausschusse vor, der nach dem Beschlüsse der europäischen Mächte über die deutsche Verfassung beraten sollte. Das Schicksal des Deutschen Bundes ward also allein in die Hände von Österreich, Preußen, England-Hannover, Bayern und Württemberg gegeben; den übrigen Staaten blieb nur die nachträgliche Zustimmung vorbehalten.

Offenbar war dieser Versuch der Bildung einer deutschen Pentarchie nur ein willkürlicher Notbehelf der Verlegenheit; denn wollte man sich an das historische Recht, an die alten Prärogativen des Kurfürstenrates halten, so durfte man die Kurhäuser Baden und Hessen nicht ausschließen. Um die Willkür zu beschönigen, berief sich Metternich auf jene Klausel der Akzessionsverträge, welche die Kleinstaaten von Baden abwärts verpflichtete, sich den Anforderungen der künftigen Bundesverfassung zu fügen; aber durch diese Zusage war das Recht der Mitberatung keineswegs ausgeschlossen. Der wirkliche Beweggrund für das eigenmächtige Vorgehen der beiden Großmächte war lediglich die diplomatische Konvenienz; sie hielten für unmöglich, durch eine Verhandlung mit allen deutschen Staaten irgendein Ergebnis zu erzielen.

Der Erfolg lehrte jedoch, dass in dem wunderbaren Wirrsal der deutschen Politik das Leichte oft schwer und das Unwahrscheinliche möglich ist. Die Bundesverfassung kam erst zustande, als man den bunten Haufen der gesamten Kleinstaaten zur Beratung heranrief. Die Verhandlungen des Fünfer-Ausschusses dagegen, die sich in dreizehn stürmischen Sitzungen bis zum 16. November hinzogen, verliefen ohne jedes Ergebnis; denn unter den auserwählten fünf Staaten tagten die beiden boshaftesten Feinde der deutschen Einheit, Bayern und Württemberg.

Sie hatten beide, Bayern ohne jede Bedingung, Württemberg unter einem nichtssagenden Vorbehalt, die volle Souveränität zugesichert erhalten; ermutigt durch die unbillige Gunst, welche ihnen die Großmächte gewährten, entfalteten sie sofort, wie Stein entrüstet sagte, ihr System „der Vereinzelung gegen den Bund, des Ehrgeizes gegen die Kleinstaaten, des Despotismus gegen das eigene Land". Ihre Absicht war, wie die preußischen Staatsmänner sogleich errieten, die Entscheidung der deutschen Verfassungsfrage so lange hinauszuschieben, bis ihre eigenen Gebietsansprüche nach Wunsch erledigt seien. Mit seiner gewohnten brutalen Grobheit versicherte Wrede sofort, die europäische Macht Bayern habe gar kein „persönliches Interesse" an dem Deutschen Bunde, sie könne durch Anschluss an Frankreich weit größere Vorteile erlangen und wolle nur aus freundlicher Nachgiebigkeit gegen den allgemeinen Wunsch dem Vereine der deutschen Souveräne beitreten. Noch nach dem Kongresse gestand Montgelas dem preußischen Gesandten von Küster „seine äußerste Gleichgültigkeit gegen den Deutschen Bund: warum sollten denn die deutschen Staaten nicht wie die italienischen ganz selbständig nebeneinander leben, verbunden nur durch gute Nachbarschaft und gegenseitige freie Konvenienz?". Nichts lag den preußischen Staatsmännern ferner als eine radikale unitarische Politik. Während in Steins Augen der Einheitsstaat immer das Ideal blieb, teilten Hardenberg und Humboldt aus voller Überzeugung den allgemeinen Glauben an die kulturfördernde Macht der Kleinstaaterei. Knesebeck führte in seiner doktrinären Weise wiederholt den Gedanken aus, Deutschland werde nur durch die Buntheit seiner politischen Zustände fähig, den Mittelpunkt Europas zu bilden; er wollte „dies Zentrum als Palladium für die freie Assoziation und Erhaltung des Gleichgewichts auch dadurch stempeln, dass es beides auch in sich darstellen soll". Aber wie bescheiden auch die Wünsche der Preußen waren, der frivole Hohn gegen Deutschland, welchen Wrede zur Schau trug, erregte doch ihren Zorn. Der Bayer erklärte kurzab, sein König sei nicht gewillt, „sich der Ausübung irgendeines Regierungsrechtes, das der Souveränität anhängt, zu begeben", am allerwenigsten der Befugnis, nach Belieben mit dem Auslande Bündnisse abzuschließen; denn an diesem Rechte finde der bayrische Nationalstolz Gefallen; verzichte man darauf, so „verliere Bayern an Achtung und Würdigkeit bei den Auswärtigen". Für die fünf Kreisobersten verlangte er vollständige Parität, also ein jährlich wechselndes Direktorium. Darum wünschte er auch möglichst wenige Provinzen Österreichs und Preußens in den Bund aufzunehmen; jedenfalls dürften die beiden Großmächte nur ebenso viel Truppen zum Bundesheere stellen wie Bayern.

So enthüllte sich zum ersten Male die Absicht der Mittelstaaten, das deutsche Heer, aus Eifersucht gegen die Großmächte, zu schwächen – eine Politik des Neides, die selbst in der polnischen Geschichte kein Seitenstück fand und nach Jahren in der lächerlichen Kriegsverfassung des Deutschen Bundes ihre Absichten durchsetzen sollte. Noch frecher als die Bayern sprachen die württembergischen Bevollmächtigten; sie rührten durch ihre herausfordernden Reden den ganzen eklen Bodensatz der alten Rheinbundsgesinnung wieder auf. Von Grundrechten der Nation wollten sie schon darum nichts hören, weil der Stuttgarter Hof das Dasein einer deutschen Nation nicht anerkannte. Eine schamlose Geschichtsverfälschung, die bereits in den Schulen der Rheinbundsstaaten ihr Gift zu säen begann, leugnete kurzerhand alles ab, was den Deutschen durch Jahrhunderte gemeinsam gewesen, ließ aus der gesamten Vorzeit unseres Volkes nichts gelten als die acht Jahre der napoleonischen Anarchie. „Der Zweck des Bundes", erklärte Minister von Linden trocken, „widerspricht der Absicht, aus verschiedenen Völkerschaften, z. B. Preußen und Württembergern, sozusagen eine Nation zu bilden!" Dagegen zeigte der Stuttgarter Hof einen sehr verdächtigen Eifer für die Kriegsverfassung. Er wünschte, dass allein die Kreisobersten Mitglieder des Bundes werden, alle anderen Fürsten sich nur als untergebene Kreisstände „den fünf Mächten" anschließen sollten, und verlangte vornehmlich Vergrößerung der südwestdeutschen Kreise, damit König Friedrich den ersehnten neuen Landgewinn auf einem Umwege erlangen und über vier Millionen mittelbarer oder unmittelbarer Untertanen das Schwert des Kreisobersten schwingen konnte.

Die Lage der Dinge im Fünfer-Ausschuss gestaltete sich bald so hoffnungslos, dass Stein im äußersten Unmut den Zaren zu Hilfe rief. Alexander ließ mit warmen Worten seine Zustimmung zu den Vorschlägen der deutschen Großmächte aussprechen und mahnte die deutschen Staaten an die Verheißungen der Kalischer Proklamation. Der Stuttgarter Despot aber konnte die frevelhaften Angriffe auf die Vollgewalt seiner Rheinbundskrone nicht länger mehr mit ansehen; „man wird sich bald schämen müssen, ein Württemberger zu sein" – hörte man ihn schelten. Am 16. November erklärte Württemberg seinen Austritt aus dem Rate der Fünf, und vor den Augen des spottenden Europas ging die deutsche Pentarchie an ihrer Uneinigkeit zugrunde.

Unterdessen hatten sich auch die kleinen Staaten geregt, mit Recht erbittert über die angemaßte Fünfherrschaft. Baden, das vergeblich Einlass in den Rat der Fünf verlangt hatte, überreichte an demselben Tage, da Württemberg ausschied, eine förmliche Verwahrung, welche dem Großherzog alle Rechte der unbeschränkten Souveränität vorbehielt. Die bonapartistische Gesinnung des Ministers von Hacke verschmähte die gehässigsten Worte nicht: nicht darum habe sein Großherzog fremde Ketten abgestreift, um vielleicht eigene zu tragen.

Gagern aber versammelte die Vertreter der meisten Kleinstaaten, von Kurhessen abwärts, um sich und stellte ihnen die Notwendigkeit, den Großen „fühlbar zu machen, dass wir da sind und unser Handwerk wohl verstehen". Eine überaus gemischte Gesellschaft fand sich hier zusammen: ehrliche, einsichtige Patrioten wie Smidt und der Mecklenburger Plessen, verstockte Partikularisten wie der Nassauer Marschall, endlich Phantasten wie Gagern selber, der nicht die rheinbündische Gesinnung Bayerns und Württembergs fürchtete, sondern „die verhüllte Zweiherrschaft". Österreichs und Preußens. Manche der Teilnehmer bestimmte lediglich die Eifersucht gegen die Mediatisierten; sie wollten sich nicht überbieten lassen von diesen Entthronten, die als konsequente Legitimisten für alle Kleinodien aus des heiligen Reiches Rumpelkammer sich begeisterten und den Kaiser Franz mit Bitten um die Wiederannahme der Karolingerkrone bestürmten. Einig waren die Kleinstaaten vorderhand nur in dem Wunsche, die Fünfherrschaft zu brechen.

Immerhin zeigten die kleinen Höfe auch diesmal, wie so oft in der älteren Reichsgeschichte, doch etwas mehr vaterländischen Sinn als die Mittelstaaten; mehrere unter ihnen wünschten, im Bewusstsein der eigenen Ohnmacht, ernstlich eine starke Reichsgewalt, die sie gegen den Ehrgeiz der größeren Nachbarn beschützen sollte. Daher entschloss sich Stein, diese kleinfürstliche Opposition für seine patriotischen Zwecke zu benutzen; er schob den vielgeschäftigen Gagern geschickt zur Seite und bewog den Verein der neunundzwanzig kleinen Fürsten und Städte am 16. November, an demselben Tage, da Württemberg ausschied, den beiden führenden Mächten eine Kollektivnote zu überreichen. Darin wurden Österreich und Preußen gebeten, sämtlichen deutschen Staaten einen neuen Verfassungsplan „an der Basis gleicher Rechte und einer vollständigen Repräsentation aller Bundesglieder" vorzulegen; an die Spitze des Bundes aber müsse ein Kaiser „als teutscher Freiheit Agide" treten. So luftig und unklar dieser Kaiserplan erschien und so gewiss mehrere der Unterzeichner den Kaisergedanken lediglich als einen frivolen Vorwand gebrauchten, um nur der Fünfherrschaft ledig zu werden, ebenso gewiss enthielt die Erklärung der Kleinstaaten einige ehrenwerte bestimmte Zugeständnisse: sie erboten sich namentlich, den Landtagen ein von Bundes wegen festzustellendes Minimum landständischer Rechte zu gewähren.

Also zugleich von innen und außen angegriffen, brach die deutsche Pentarchie zusammen. Einige Monate lang bestand gar kein deutscher Verfassungsausschuss mehr. Der Boden war frei für willkürliche Pläne jeder Art; Gagern und Plessen sprachen bereits von einem Bunde der Mittel- und Kleinstaaten ohne Österreich und Preußen, aber mit Dänemark und den unvermeidlichen Niederlanden. Münster erwiderte den Kleinstaaten im Namen der Großmächte, erkannte ihre patriotischen Absichten wohlwollend an und erklärte bestimmt, die Wiederaufrichtung des Kaisertums sei, angesichts der Weigerung Österreichs, ganz unmöglich. Die Rheinbundsgesinnung dagegen, welche sich in den Noten Württembergs und Badens so schamlos ausgesprochen hatte, wollten die Großmächte nicht ungerügt hingehen lassen. Österreich und England-Hannover hofften in jenem Augenblicke noch, den preußischen Hof von Russland abzuziehen, und kamen darum in den deutschen Händeln den Ansichten Preußens mit einer Beflissenheit, die sie freilich zu nichts Ernstlichem verpflichtete, entgegen. Münster entwarf für Preußen und Österreich eine identische Note, welche dem badischen Hofe übergeben werden sollte. In einer unerhört scharfen Sprache hielt er der Karlsruher Regierung ihr Sündenregister vor, alle ihre Bedrückungen gegen das eigene Volk, „Maßregeln, die unter die willkürlichsten des französischen Revolutionssystems gerechnet werden müssen" Dann wird der wichtige Grundsatz aufgestellt, dass es den deutschen Staaten keineswegs frei stehe, ob sie dem Bunde beitreten wollten oder nicht. Die Großmächte berufen sich nicht auf den tausendjährigen, niemals rechtsgültig aufgehobenen Bestand des Deutschen Reichs; sie halten sich an das Nächstliegende, an die Akzessionsverträge[27] des vergangenen Jahres:

---

27 Akzessionsverträge: Siehe Anm. 4

alle der Großen Allianz Beigetretenen seien gebunden an die Kalischer Proklamation[28], die dem deutschen Volke die Wiederaufrichtung seiner Verfassung „unter nötigen Modifikationen" zusage. „Die Garantie, welche die alliierten Mächte über die Souveränität Badens erteilt haben, kann nicht auf unbedingte Befugnisse gedeutet werden, welche Seiner K. Hoheit niemals zugestanden haben und welche mit den Absichten geradezu streiten würden, welche der deutschen Nation von Seiten der alliierten Mächte als Zweck des Krieges, zu dessen glücklicher Beendigung ihre Vaterlandsliebe und ihr auf diese Zusicherung gestützter Mut so vieles beigetragen hat, bekannt gemacht worden sind." Im letzten Augenblicke wurde Metternich bedenklich; ein solcher Ton erschien ihm zu schroff. Man begnügte sich, dem badischen Minister mündlich die Meinung der Großmächte mitzuteilen. Dagegen wurde dem württembergischen Hofe am 24. November eine gemeinsame Antwort übergeben, welche, obschon in etwas milderer Form, dem Münsterschen Entwurfe entsprach und sehr nachdrücklich erklärte: alle deutschen Staaten sind verpflichtet, dem Bunde beizutreten. Es war, als ob Stein selber den Großmächten die Feder geführt hätte; Schade nur, dass weder Metternich noch Münster ernstlich gewillt war, den schönen Reden die Tat folgen zu lassen.

Die Auflösung des Fünfer-Ausschusses wurde folgenreich für viele Jahre, denn sie gab den Anlass für die Begründung der konstitutionellen Staatsformen in Süddeutschland. Aus den gemeinsten Beweggründen, aus Souveränitätsdünkel und partikularistischer Angst vor der Einmischung der Bundesgewalt entschlossen sich die Kabinette der drei Mittelstaaten des Südens, auf eigene Faust das Notwendige zu tun und ihren Landen das Reprä-

---

28 Kalisch: Siehe Anm. 17

sentativsystem zu gewähren. Sie waren dazu auch leichter imstande als Preußen, da ihre napoleonische Präfektenverwaltung bereits zehn Jahre Zeit gehabt hatte, um alle Landesteile einer gleichmäßigen Ordnung zu unterwerfen und jede zentrifugale Kraft zu bändigen. König Max Joseph hatte schon im September eine Durchsicht der papiernen Verfassung von 1808 angeordnet; sobald er dann in Wien wahrnahm, dass die Großmächte den Souveränen ein Minimum landständischer Rechte von Bundes wegen auferlegen wollten, befahl er seiner Revisionskommission im Oktober, ihre Arbeiten schleunigst zu beenden. Friedrich von Württemberg ließ seine Minister, in einer ungezogenen Replik vom 24. November, die unantastbare Allmacht der schwäbischen Königskrone nochmals verteidigen, er wetterte und tobte wider die Anmaßung der Großmächte und verließ Wien schon um Weihnachten hoch entrüstet. Gleichwohl entging seiner Klugheit nicht, dass es zu Ende war mit den guten Tagen der ungestörten Selbstherrlichkeit. Die Schwaben erkannten den brutalen Tyrannen kaum wieder, so sanft und gnädig trat er nach seiner Heimkehr plötzlich auf, so sichtlich bemühte er sich Frieden zu halten mit seinem Volke; von Napoleon wollte er gar nichts mehr hören, doch ebenso bestimmt sprach er aus, dass er niemals irgendeiner Weisung aus Wien gehorchen werde. Am 11. Januar 1815 überraschte er sein unglückliches Land durch eine Proklamation, welche die nahe Einberufung eines Landtags ankündigte: der König gewähre diese längst beabsichtigte Wohltat schon jetzt, um zu beweisen, „dass nicht eine äußere Notwendigkeit oder eine gegen andere eingegangene Verbindlichkeit" ihn zwinge. Damit glaubte er dem Deutschen Bunde ein Schnippchen geschlagen zu haben; er ahnte nicht, wie bald sein misshandeltes Volk selber ein furchtbares Strafgericht über die Sünden des letzten Jahrzehntes halten würde. Auch dem kranken Großherzog

Karl von Baden fehlte es nicht an Verstand. Die herrischen Mahnungen der Großmächte schreckten ihn aus seinem dumpfen Brüten auf; schon am 1. Dezember ließ er dem preußischen Staatskanzler in einer verbindlichen Note anzeigen, er sei bereit, seinem Volke alle die in dem preußischen Bundesplane geforderten landständischen Rechte zu gewähren, und habe bereits eine Verfassungskommission eingesetzt. Aus so trüben Quellen entsprang die konstitutionelle Bewegung in Süddeutschland; doch da sie der Natur der Dinge entsprach, so nahm sie ihren Fortgang auch, als die kleinen Kronen von dem Deutschen Bunde nichts mehr zu fürchten hatten. In jenem Augenblicke war die Besorgnis der Mittelstaaten keineswegs grundlos, denn die preußischen Staatsmänner betrieben, ungeschreckt durch den Zerfall des Fünfer-Ausschusses, das deutsche Verfassungswerk mit rührigem Eifer. Die nationale Politik war ihnen Herzenssache; wiederholt hatten sie dem vaterlandslosen Gerede der Bayern und Württemberger die Erklärung entgegengehalten: ihr König betrachte es „als seine Regentenpflicht, seine Untertanen wieder in eine Verbindung zu bringen, wodurch sie mit Deutschland eine Nation bilden". Humboldt schritt sofort an die Ausarbeitung eines neuen Entwurfs; da stieß er auf eine ganz unerwartete neue Schwierigkeit.

Der österreichische Minister nämlich, der bisher für die Kreisverfassung gesprochen hatte, ward plötzlich anderen Sinnes. Er erriet, was allerdings sehr nahelag, dass die kleinen norddeutschen Kontingente, dem preußischen Kreisobersten untergeordnet, unfehlbar in der preußischen Armee verschwinden würden; und da er bei dem deutschen Verfassungswerke, das ihn im Übrigen völlig kalt ließ, nur den einen Zweck verfolgte, die Macht Preußens zu beschränken, so erklärte er sich jetzt gegen jede Kreiseinteilung. Auch Münster stimmte dem österreichischen Freunde bei, sobald dieser ihm das Schreckgespenst der norddeutschen Hegemonie vor die Augen hielt.

So geschah es, dass Humboldt jetzt gleichzeitig zwei Entwürfe für die Bundesakte ausarbeiten musste, den einen mit, den anderen ohne Kreise; in beiden waren die wesentlichen Grundgedanken der Zwölf Artikel[29] beibehalten. Am 9. Dezember erörterte der Rastlose in einer Denkschrift die Vorzüge der Kreisverfassung: sie sei unentbehrlich, um den kleinsten Staaten einen geordneten Instanzenzug für ihr Gerichtswesen zu sichern und die militärische Kraftanspannung schon im Frieden vorzubereiten; das Gegenteil ging nur an unter „dem bonapartistischen Systeme", das in beständigem Kriegszustande lebte und vor keinem Mittel zurückschrak. Zugleich versucht er den Klagen der Kleinstaaten über Unterdrückung zu begegnen und schlägt vor, außer Baden und Kurhessen noch drei jährlich wechselnde Mitglieder des Fürstenrates in den Rat der Kreisobersten aufzunehmen. Zwei Tage später übersandte er die vollendeten Entwürfe dem Staatskanzler, betonte nochmals, wie wichtig die Kreisverfassung für Preußens zerstückelte Lage sei, riet aber trotzdem, nicht allzu ängstlich auf dieser Forderung zu bestehen, denn unsere Stärke in Deutschland werde immer zum Teil eine moralische sein, und viel komme darauf an, „dass Preußen den kleinen Fürsten nicht als eine Gefahr, sondern als ein Schutz erscheine". Jetzt endlich, nach fast drei Monaten fruchtloser Verhandlungen, stieg dem geistvollen Manne eine Ahnung, aber auch nur eine Ahnung auf von Österreichs bundesfreundlichen Absichten. „Man hat uns", schrieb er, „gern bei der deutschen Verfassungsangelegenheit vorangestellt und uns leicht und gern in allem nachgegeben, weil man es lieber mochte, wenn lieber wir (da man auch von uns wusste, dass wir

---

29 Zwölf Artikel: Siehe S. 81

immer eine feste und kräftige Verfassung wollen würden) den Fürsten, denen allen die Fesseln einer Konstitution lästig sind, unangenehm würden und gefährlich erschienen." Dass aber die Hofburg selber eine feste und kräftige Verfassung nicht wollen konnte, war ihm noch immer nicht klar geworden; vielmehr hoffte er sich rasch mit Österreich und Hannover über einen der beiden Entwürfe zu verständigen und etwa in acht Tagen die Verhandlungen mit Bayern und Württemberg wieder aufzunehmen. Während die preußischen Staatsmänner als o, treufleißig und arglos, Wasser in das deutsche Danaidenfaß schöpften, verhandelte Metternich mit Münster insgeheim über den Plan eines Deutschen Bundes ohne Preußen!

Stein versah die Arbeit Humboldts mit seinen Bemerkungen, forderte höhere Rechte für die Mediatisierten und die Reichsritter, aber auch ein reicheres Maß von Volksrechten, namentlich die Aufhebung der Leibeigenschaft und des Dienstzwanges sowie die Ablösung der Fronden in ganz Deutschland. Ernstlichen Anstoß nahm Stein allein daran, dass Humboldt, aus Rücksicht auf Österreich, die Bestimmungen über die Landtage abgeschwächt und den Landständen nur noch eine beratende Stimme eingeräumt hatte. „Das ist ein Riesenschritt rückwärts", erwiderte der Freiherr. „Preußen hat unter allen Ländern am wenigsten Ursache ihn zu tun und zu veranlassen. In diesem Staate vereinigen sich alle Elemente, die eine ruhige, verständige Bewegung kräftig organisierter Landstände verbürgen: Nationalität, Gewohnheit und erprobte Bereitwilligkeit, Abgaben zu leisten, Opfer zu bringen, Besonnenheit und gesunder Menschenverstand, allgemeine Bildung. Österreich kann aus vielen Gründen nicht gleiche Grundsätze aussprechen, wegen der Fremdartigkeit seiner Bestandteile, dem niederen Zustande seiner allgemeinen Bildung, den Maximen seiner Regierung und Regenten, und es mag aus diesen Gründen eine Ausnahme machen. Man überlasse es ihm, sich auszusprechen." Also sah sich selbst dieser feurige Parteigänger des lothringischen Kaisertums genötigt, eine Ausnahmestellung für Österreich zu fordern, sobald auf die praktischen Folgen des bündischen Lebens die Rede kam.

Alle die saueren Mühen dieser Dezemberwochen blieben für jetzt verlorene Arbeit. Denn mittlerweile verschärfte sich der Streit um die sächsisch-polnische Frage, die drohende Kriegsgefahr nahm aller Gedanken in Anspruch, und während der ersten Hälfte des Januars rückte das deutsche Verfassungswerk keinen Schritt von der Stelle.

Sobald die Luft etwas reiner ward, kehrte Humboldt sofort wieder zu seinem Schmerzenskinde zurück. Er hatte inzwischen mit dem wohlmeinenden weimarischen Minister von Gersdorff viel verkehrt, die Wünsche der Kleinstaaten näher kennen gelernt und die Überzeugung gewonnen, dass sich seit der Auflösung des Reichs an den deutschen Höfen ein ungeheurer Dünkel, mit dem man rechnen musste, gebildet hatte. Jene Abstufungen des Ranges und des Rechtes, die in der alten Reichsverfassung bestanden, waren vergessen, die neuen Souveräne fühlten sich einander schlechthin gleich. Sollte die Bundesakte überhaupt zustande kommen, so durfte den Kleinstaaten keine allzu auffällige formelle Unterordnung unter die größeren Genossen zugemutet werden; denn, meinte Gersdorff mit jener kindlichen Unschuld, die von jeher das Vorrecht unserer kleinstaatlichen Diplomaten war, „man liebt den Schein der Freiheit, selbst wenn man ihr Wesen nicht zu besitzen vermag". Dass ein Staatenbund nur in einer Vielheit von Staaten möglich sei, hatte Humboldt von vornherein ausgesprochen.

Zudem fiel jeder Grund für die Bildung eines Kreisoberstenrates hinweg, wenn man die Kreiseinteilung selber bei der Hofburg nicht durchsetzen konnte. Nach der Haltung, welche die Mittelstaaten im Fünfer-Ausschuss und in den sächsischen Händeln eingenommen hatten, schien es auch sehr zweifelhaft, ob ein Rat von fünf, sieben oder zehn Staaten die exekutive Gewalt des Bundes einträchtiger, wirksamer handhaben würde als ein aus allen Staaten gebildeter Bundestag.

Daher erwog Humboldt mit dem Staatskanzler schon im Januar die Frage, ob man nicht, angesichts der Verstimmung der Kleinstaaten, besser tue, die zwei Räte fallen zu lassen und statt ihrer eine einzige Bundesversammlung zu bilden, welche die laufenden Geschäfte in einem engeren Rate, wichtigere Fragen im Plenum zu erledigen hätte; in dem Plenum sollten alle Staaten mindestens eine Stimme, die Mediatisierten einige Kuriatstimmen erhalten. Bei der grenzenlosen Eifersucht aller gegen alle erschien die nahezu vollständige Parität als das einzige Mittel, um nur irgendeine Form bündischer Einheit zu erreichen. Die beiden Staatsmänner entwarfen sodann eine Note an Metternich, baten um die bestimmte Erklärung: ob der kaiserliche Hof die Kreisverfassung endgültig ablehne und ob er die Bildung eines einfachen Bundestages, statt der zwei Räte, genehmige. Dann könne ein neuer Entwurf ausgearbeitet werden. Preußen sei zu jedem Zugeständnis bereit: „Nur drei Punkte sind es, von denen man nicht abgehen kann: eine kraftvolle Kriegsgewalt, ein Bundesgericht und landständische, durch den Bundesvertrag gesicherte Verfassungen. Ohne das Bundesgericht würde es dem Rechtsgebäude in Deutschland an dem letzten und notwendigsten Schlußsteine mangeln." Es waren dieselben drei Kardinalpunkte, welche Hardenberg schon in Paris als die Hauptaufgaben der Bundesverfassung bezeichnet hatte.

Also quälten die treuen Patrioten sich ab an der hoffnungslosen Arbeit. Preußen allein unter allen deutschen Staaten betrieb das deutsche Verfassungswerk mit nachhaltigem Eifer; seine Staatsmänner wiesen jetzt auch den einzigen Weg, der noch mindestens zu einer notdürftigen Verständigung führen konnte. Seine Politik zeigte sich in allem rechtschaffen und ohne Hintergedanken namentlich auch den Mediatisierten gegenüber, die es wiederholt dankbar aussprachen, dass sie allein an der preußischen Krone einen großmütigen Beschützer fänden.

Um die Sache nur rasch wieder in Gang zu bringen, beschlossen die preußischen Staatsmänner am 2. Februar, das einzige, was fertig vorlag, jene beiden Humboldtschen Entwürfe vom Dezember, an den österreichischen Minister zu übersenden. In einer begleitenden Note wiederholen sie nochmals alle die in Humboldts vertraulichen Denkschriften ausgesprochenen Bedenken für und wider die Kreisverfassung und erboten sich bereitwillig zu jeder Abänderung – mit einziger Ausnahme jener drei unantastbaren Punkte: Kriegsgewalt, Bundesgericht und landständische Verfassungen. Durch diese entgegenkommende Haltung hofften sie umso sicherer eine rasche Verständigung mit der Hofburg zu erreichen, da ja Humboldts beide Entwürfe nichts weiter enthielten als eine gründlichere Ausarbeitung jener Zwölf Artikel, welche Metternich selbst im Oktober dem Fünfer-Ausschuss mit vorgelegt hatte. Sehr willkommen war es ihnen daher, dass sich im nämlichen Augenblicke auch der Verein der deutschen Fürsten und Städte wieder rührte. Durch den Zutritt Badens und einiger Kleinen bis auf zweiunddreißig Mitglieder verstärkt, bat er am 2. Februar die beiden führenden Mächte um schleunige Eröffnung der Beratungen aller.

Hardenberg und Humboldt erklärten sich sofort bereit, und da auch Metternich zustimmte, so ließen sie nunmehr, am 10. Februar, ihre Note mit den beiden Denkschriften an das österreichische Kabinett abgehen.

Aber der österreichische Staatsmann, der im Herbst so gefällig mit Preußen zusammengegangen war, fand jetzt der Bedenken kein Ende: er hatte während der sächsischen Händel die Mittelstaaten als brauchbare Bundesgenossen gegen den norddeutschen Nebenbuhler schätzen gelernt und wollte durchaus alles vermeiden, was ihren Souveränitätsdünkel verletzen konnte. Wie man sich in der Hofburg den Deutschen Bund vorstellte, das hatte Freiherr von Wessenberg schon im Dezember in einem neuen Bundesplane verraten. Es war bereits der fünfte Entwurf, der in dieser trostlosen Verhandlung zur Sprache kam. Dies geistlose Machwerk lud die deutschen Staaten ein, sich nach Gefallen einem Bunde anzuschließen, der die gemeinsame äußere und innere Sicherheit erhalten sollte; wer eintritt, darf ohne Zustimmung der Genossen nicht wieder ausscheiden. Alle Bundesstaaten haben als solche gleiche Rechte. Ein permanenter Bundesrat wird aus den Gesandten aller Staaten gebildet, Österreich führt den Vorsitz. Keine Spur von einer wirklichen Bundeskriegsgewalt; der Bundesrat hat lediglich „darauf zu sehen", dass jeder Staat sein Kontingent vollständig erhält. Die Ausgaben werden durch Matrikularbeiträge bestritten. Die auswärtige Politik bleibt den Bundesstaaten ungeschmälert, nur dürfen ihre Verbindungen mit Auswärtigen nicht gegen den Bund selber gerichtet sein. Landstände sind binnen Jahr und Tag einzuberufen, doch wird ihre Einrichtung den Landesherren überlassen.

Dazu noch ein Artikel über die Mediatisierten und einige, sehr bescheidene, Untertanenrechte, wozu aber die Pressefreiheit nicht gehört; endlich noch die Zusage, dass der Bund für die Freiheit des Handels und der Schifffahrt „sorgen" werde. Hier endlich bekannte die Hofburg Farbe; jene Zwölf Artikel hatte sie im Oktober nur deshalb angenommen, weil sie damals Preußen noch bei guter Stimmung erhalten wollte. Metternichs wirkliche Meinung ging jetzt, wie schon in Teplitz, dahin, dass die Souveränität der deutschen Staaten nur so weit beschränkt werden dürfe, als erforderlich war, um die europäische Stellung des Hauses Österreich einigermaßen sicherzustellen. Von den drei Punkten, welche Preußen als die Fundamente der Bundesverfassung ansah, war der eine, das Bundesgericht, in dem Westenbergischen Plane gänzlich beseitigt; über die anderen beiden, Kriegsgewalt und Landstände, schlüpfte der Vertraute Metternichs mit einigen allgemeinen Redensarten hinweg. So weit gingen die Absichten jener beiden Mächte auseinander, deren Interessen Hardenberg für harmonisch hielt.

Die Wessenbergische Arbeit konnte ruhig ihrer Stunde harren, gerade weil sie der leerste und farbloseste von allen den bisherigen Entwürfen war; sie wurde die Grundlage der deutschen Bundesverfassung, das Ei, woraus der Kuckuck des Frankfurter Bundestages auskroch. Vorderhand hütete sich Metternich weislich, das Werk seines Geheimen Rats schon jetzt förmlich als k.k. Gegenentwurf vorzulegen, er begnügte sich, die beiden Pläne Humboldts für unausführbar zu erklären. Da die beiden Vormächte sich über eine Vorlage nicht einigten, so konnten auch die verheißenen Beratungen aller nicht beginnen.

Um die Verwirrung zu vollenden, warf jetzt Stein noch einen neuen Zankapfel unter die Hadernden. Der Reichsritter konnte sich von dem schönen Kaisertraume so schnell nicht trennen, allzu tief waren ihm die grandiosen Bilder der Stauferzeiten ins treue Herz gegraben. Sobald er gewahr wurde, dass auch die Kleinstaaten, mit den Lippen mindestens, die Herstellung der Kaiserkrone forderten, nahm er seine Teplitzer Pläne wieder auf, und es gelang ihm diesmal sogar, den Zaren zu überzeugen. Alexander hatte aus den widrigen Erfahrungen der jüngsten Wochen gelernt, wie leicht sich eine österreichisch-französische Allianz gegen Russland und Preußen bilden konnte, und gab sich der Hoffnung hin, der Besitz der deutschen Kaiserkrone würde, wie vor alters, der Hofburg die Annäherung an die Tuilerien erschweren. Doch verfuhr er auch jetzt, wie immer während des Wiener Kongresses, als ein zuverlässiger Freund König Friedrich Wilhelms und wollte den Kaiserplan nur dann unterstützen, wenn Preußen von freien Stücken zustimme. So begann denn seit dem 9. Februar, zu Hardenbergs bitterem Ärger, ein lebhafter Notenwechsel zwischen Stein und Capodistrias einerseits, Humboldt andererseits. Abermals führte Stein, wie einst in Teplitz, den verzwickten Gedanken aus: weil Österreich kein rein deutscher Staat sei, darum müsse der Kaiserstaat durch ein künstliches verfassungsmäßiges Band an Deutschland angeschlossen werden. Mit unbestreitbaren Gründen zeigten der Reichsritter und sein russischer Gehilfe, dass eine monarchische Spitze kräftiger sei als eine kollegialische. Ebenso unwiderleglich erwies Humboldt die Unfähigkeit Österreichs, diese monarchische Macht zum Heile der Nation zu gebrauchen: „Deutschland widerstrebt jener österreichischen Unbeweglichkeit, für welche die Erfahrung nichts ist und die Jahrhunderte spurlos vorübergehen." Die Notwendigkeit des preußischen Kaisertums, die sich aus diesem Für und Wider von selber zu ergeben schien, konnte, wie die Lage war, noch nicht erkannt werden; saßen doch die Lothringer wieder so fest im germanischen Sattel, dass sie zuweilen schon daran dachte Preußen ganz vom Rücken des deutschen Rosses herunterzuwerfen! Das Ergebnis war, dass die Kaiserpläne begraben wurden. König Friedrich Wilhelm ließ sich durch Stein nicht überzeugen, obgleich sogar seine Vertrauten Wittgenstein und Knesebeck ihre Sehnsucht nach der Herstellung des habsburgischen Kaisertums nicht verhehltem Humboldt behielt recht mit seiner trockenen Erklärung: nur ein Bund ist jetzt noch möglich.

Über diesem unfruchtbaren Zwischenspiele gingen wieder vier Wochen verloren, und kaum war es zu Ende, so kam am 7. März die Nachricht von Napoleons Rückkehr. Das europäische Kriegsbündnis und die Rüstungen drängten viele Wochen lang alle anderen Fragen in den Hintergrund. Die deutsche Verfassung schien rettungslos verloren.

Auch der auf Preußens Antrag eingesetzte deutsche Militärausschuss, welchem der Kronprinz von Württemberg vorsaß, ging unverrichteter Dinge auseinander; mit zorniger Scham verließ Rühle von Lilienstern diese Versammlung, von der er gehofft hatte, sie werde die allgemeine Wehrpflicht für ganz Deutschland einführen. Desgleichen scheiterten die ebenfalls auf Preußens Betrieb berufenen Konferenzen über die deutsche Flussschiffahrt denn die Welfen fanden es ganz unerhört, dass die rein deutschen Flüsse derselben Freiheit genießen sollten wie die mehreren europäischen Mächten gemeinsam angehörigen. Wegwerfend schrieb Münster an den Prinzregenten: Hannover werde sicherlich nicht finanzielle Opfer bringen, „um einige vage Ideen von Handelsfreiheit zu begünstigen". Die ehrenwerten Männer unter der deutschen Diplomatie überkam ein vernichtendes Gefühl der Scham.

Welch ein Schauspiel bot seit sechs langen Monaten dies Deutschland, das soeben noch die Welt mit seinem Kriegsruhm erfüllt hatte! Nichts als Zank und Stank, nichts als Neid gegen die Retter der Nation, und noch immer kein Ende! Der wackere Gersdorff riet in seiner Herzensangst den Preußen: jetzt könne aus Deutschland doch nichts Tüchtiges werden, die feindselige Gesinnung von Bayern und Genossen lasse sich nicht verkennen; besser also, Preußen schließe mit dem Süden nur eine Allianz, mit den kleinen norddeutschen Staaten aber einen festen

Bund, der für das ganze Vaterland eine bessere Zukunft vorbereiten könne.

Die Mehrzahl der streitigen Gebietsfragen war erledigt, die Monarchen rüsteten sich zur Abreise, alle verlangten ungeduldig nach dem Schluss des Kongresses und horchten gespannt auf die Nachrichten aus Westen; die Rheinbündner erhoben wieder keck das Haupt, mehrere der Mittelstaaten verhehlten kaum, dass sie auf neue Siege des Imperators hofften. Das war die Stimmung nicht, die ein dauerndes nationales Werk zeitigen konnte. Hardenberg, der in der Regel ein sicheres Gefühl für die Gunst des Augenblicks zeigte, wünschte denn auch die Verfassungsberatungen zu vertagen, bis nach einer neuen Niederlage Napoleons der Trotz der Rheinbündner gebrochen und die allgemeine Stimmung wieder ruhiger und gesammelter wäre. Aber wie würde die Nation, die jetzt abermals zu neuen schweren Opfern aufgeboten ward, ihre Fürsten und Minister empfangen, wenn sie ihr nach diesem Pomp endloser Feste nichts, rein nichts heimbrachten? Dies schien doch gar zu schmachvoll; selbst Gentz warnte vor dem Zorne der öffentlichen Meinung. Überdies wünschte Metternich dringend, die deutsche Bundesakte, die in seinen Augen ja nur eine europäische Angelegenheit war, in die große Schlussakte des Kongresses mit aufzunehmen und sie also unter die Bürgschaft des gesamten Weltteils zu stellen. Er legte hierauf noch in späteren Jahren den höchsten Wert und stellte gern die charakteristische Behauptung auf: der Deutsche Bund ist gerade deshalb eine dauernde Föderation, weil „sein Entstehen das vereinte Werk der europäischen Mächte und der deutschen Fürsten war". Und seltsamerweise ward diese Ansicht von allen preußischen Staatsmännern, selbst von Humboldt geteilt; sie hofften durch die europäische Gesamtbürgschaft den Mittelstaaten eine neue Felonie zu erschweren und bedachten nicht, wie grausam einst das alte Reich unter der zudringlichen Einmischung seiner auswärtigen Garanten gelitten hatte. So kam es, dass Preußen sich doch noch entschloss, die Verhandlungen zu der denkbar ungünstigsten Zeit wieder aufzunehmen.

Auf eine irgend erträgliche Ordnung der deutschen Dinge hoffte Humboldt freilich längst nicht mehr; was frommte seine dialektische Kunst gegen die Bosheit der Mittelstaaten und die berechnete Zurückhaltung Österreichs? Er selbst gesteht: jetzt blieb nichts mehr übrig, als den Bund zustande bringen, gleichviel auf welche Weise. Dennoch legte er sich abermals ins Zeug und brachte zu Anfang Aprils einen neuen, wesentlich abgekürzten Entwurf zustande. Es war der sechste. Aber die Verhandlungen wurden wieder verschoben; die Mittelstaaten zeigten keine Neigung, sich noch auf irgendetwas einzulassen. In der zweiten Hälfte des Monats schien die Stimmung wieder günstiger zu werden.

Sofort schöpfte Humboldt neuen Mut und wagte am 1. Mai einen siebenten, mehr in das einzelne eingehenden Plan vorzulegen.

Die Hofburg jedoch erklärte beide Entwürfe für unmöglich. Das Haus Österreich selber war natürlich nach seiner oft bewährten Reichstreue zu jedem Opfer bereit; daran durfte niemand zweifeln, der die brünstigen Beteuerungen der k.k. Staatsmänner vernahm. Nur wegen des unüberwindlichen Widerstandes der kleinen Königshöfe sah sich der österreichische Minister zu seinem lebhaften Bedauern genötigt, die preußischen Vorschläge wieder einmal abzuweisen. Metternich wusste aus s einer reichen diplomatischen Erfahrung, dass langwierige Streitigkeiten zuletzt durch die allgemeine Ermüdung entschieden werden. Jetzt begann dies Gefühl bei jedermann übermächtig zu werden. Alle stimmten dem Österreicher bei, da er nun heraussagte, was schon im September seine Meinung gewesen war: an eine Bundesverfassung sei für jetzt doch nicht zu denken; genug wenn man ihre „Grundzüge" feststelle. Dann holte er jenen Wessenbergischen Plan vom Dezember wieder hervor, der allerdings kaum als der Grundzug eines Grundzugs gelten konnte, ließ das Machwerk ein wenig erweitern und übergab diese Umarbeitung am 7. Mai als achten Entwurf den preußischen Staatsmännern. Über diesen Entwurf ward nun endlich eingehend zwischen Metternich und Hardenberg verhandelt. Auf Preußens Wunsch schaltete der Österreicher einige verschärfende Zusätze ein, der Staatskanzler fügte eigenhändig den Artikel über die Mediatisierten hinzu, und so entstand jener neunte und letzte Bundesplan, welchen Metternich am 23. Mai im Namen Österreichs und Preußens den Bevollmächtigten aller deutschen Staaten zur Beschlussfassung unterbreitete. Trotz der zweimaligen Umarbeitung waren die Hauptsätze des österreichischen Dezember-Entwurfs unverändert geblieben, so dass Wessenberg als der eigentliche Verfasser der deutschen Bundesakte betrachtet werden muss. Der liebenswürdige, feingebildete Breisgauer Baron zählte zu den freisinnigsten Politikern Österreichs; er hegte sogar, wie sein Bruder, der den Römischen verhasste Koadjutor, eine gewisse Schwärmerei für das deutsche Vaterland. Aber in Sachen der deutschen Politik konnte es unter den k.k. Staatsmännern keine Meinungsverschiedenheit geben; wer dem Hause Österreich diente, musste dem deutschen Gesamtstaate den Charakter eines losen völkerrechtlichen Vereins zu verleihen suchen, weil sonst der Kaiserstaat keinen Raum darin fand.

Tags zuvor, am 22. Mai, hatte König Friedrich Wilhelm die folgenschwere Verordnung über die Repräsentation des Volks unterzeichnet.

Die preußischen Staatsmänner rechneten sichs zur Ehre, wie Humboldt oft sagte, dass niemand in Wien wärmer als sie für die Rechte der deutschen Landstände eingetreten war. Wie durfte also Preußen zurückbleiben hinter den süddeutschen Höfen, die bereits ihre Verfassungskommissionen einberufen hatten? Wer hätte damals auch nur für denkbar gehalten, dass die Einführung des Repräsentativsystems gerade in Preußen auf die schwersten Hemmnisse stoßen und sich am längsten verzögern würde? Mindestens eine feierliche Zusage schien unerlässlich; war doch Hardenberg längst gewöhnt, sich durch hochtönende Versprechungen mit den harten Pflichten des Gesetzgebers abzufinden. Auch der König war seit Ende 1808 für die konstitutionellen Gedanken gewonnen und wünschte seinem treuen Volke sogleich ein Zeichen dankbaren Vertrauens zu geben. Aber mit welcher frevelhaften Fahrlässigkeit ging der Staatskanzler wieder zu Werke! Er ließ den König versprechen, dass die Provinzialstände wiederhergestellt oder, wo sie nicht mehr beständen, neu eingeführt werden und aus ihnen durch Wahl die allgemeine Landesrepräsentation hervorgehen solle. So band er der absoluten Krone im Voraus die Hände, und dies in einem Augenblicke, da er selber über die provinzialständischen Rechte jenes bunten Ländergemischs, das in den preußischen Staat neu eintrat, nicht einmal oberflächlich unterrichtet war! Die öffentliche Meinung, dankbar für alles, was freisinnig hieß, nahm die königliche Verheißung mit heller Freude auf, vornehmlich gefiel ihr die der Modeansicht entsprechende Zusage einer schriftlichen Verfassungsurkunde. Bald genug sollte sich herausstellen, dass Hardenberg einen schweren politischen Fehler begangen, dass er das Unmögliche versprochen hatte.

Dem tragischen Niedergange unserer vaterländischen Hoffnungen durfte auch der Humor nicht fehlen. Das durch sieben Monate verschleppte deutsche Verfassungswerk musste zuletzt in atemloser, unbedachter Hast übers Knie gebrochen werden. Als die so oft verheißenen Beratungen aller endlich eröffnet wurden, da hatte Gentz die Redaktion der Schlussakte des Kongresses schon nahezu beendigt; es galt zu eilen, wenn die deutsche Bundesakte darin noch Platz finden sollte. So wurde denn zwischen dem 23. Mai und dem 10. Juni, in elf kurzen Konferenzen, wovon zwei nur den Zeremonien der Eröffnung und des Schlusses galten, die schwerste aller europäischen Fragen abgetan.

Frivoler ward niemals mit dem Schicksal eines großen Volks gespielt.

Bei der Eröffnung fehlte Württemberg. Freiherr von Linden entschuldigte sein Ausbleiben in einem französischen Billett mit einer Landpartie, sein Amtsgenosse Wintzingerode schützte Unpässlichkeit vor, und auch allen folgenden Sitzungen blieben die Württemberger fern. Für die bereits abgereisten badischen Minister war zwar ein Stellvertreter anwesend, er hatte jedoch keine Vollmacht und erklärte nach einigen Tagen seinen Austritt. Die übrigen erschienen. Die Kleinstaaten waren anfangs nur durch fünf Bevollmächtigte vertreten, setzten aber durchdass von der dritten Sitzung an jeder Staat seinen eigenen Vertreter sendete.

Am 26. Mai begann die eigentliche Beratung. Bayern verlangte sogleich, gegen den lebhaften Widerspruch der Preußen, dass der Ausdruck „souveräne" Fürsten in den Eingang der Bundesakte aufgenommen werde. Als man sodann den Entwurf im Einzelnen durchging, da erhob sich bei jedem Artikel ein so heilloser Wirrwarr grundverschiedener Forderungen, und auf dem Tische des Vorsitzenden häufte sich ein solcher Berg von Noten, Vorbehalten und Bedenken an, dass jede Möglichkeit einer Verständigung aufhörte. Verstimmt ging man auseinander. Hardenberg und Humboldt richteten tags darauf in voller Verzweiflung an Metternich und Münster eine Note, worin sie aussprachen: bei der Kürze der Zeit und nach den Erlebnissen der jüngsten Sitzung scheine die Fortsetzung einer wirklichen Diskussion unmöglich; die Ansichten gingen zu weit auseinander, auch dürften Österreich, Preußen und Hannover – die also in den Augen der preußischen Staatsmänner noch immer als treue Gesinnungsgenossen erschienen – sich nicht in eine schiefe Stellung bringen, sich nicht zwingen lassen, um des lieben Friedens willen für die Schwächung der Bundesgewalt zu stimmen. Daher verlangt Preußen ein Ultimatum der drei Großmächte an die deutschen Staaten; die drei Höfe nehmen sogleich an dem Entwurfe die Abänderungen vor, welche nach dem Verlaufe der letzten Konferenz unumgänglich scheinen, und erklären in der nächsten Sitzung: weitere Änderungen sind unzulässig, wir schließen den Bund ab mit allen den Fürsten, welche diese Vorlage annehmen, über Einzelheiten mag dann der Frankfurter Bundestag entscheiden. Die beiden schlossen: verfahre man also, dann würden die meisten Staaten sofort beitreten, einige erst etwas später, sobald sie sich überzeugten, dass der Bund auch ohne sie zustande gekommen sei.

Also doch endlich wieder ein rasches kühnes Ergreifen des Moments, nach der alten stolzen friderizianischen Weise! Wenn Österreich und England-Hannover den preußischen Antrag annahmen, so war der Erfolg sicher, so wurden das Bundesgericht, die schärfere Fassung des Artikels über die Landstände und alles Gute, was Preußen sonst noch in den österreichischen Entwurf hineingebracht hatte, für den Deutschen Bund gerettet. Denn nur drei Wochen später ward die Schlacht von Belle Alliance geschlagen, und wie hätten die Mittelstaaten dann noch wagen dürfen, dem Deutschen Bunde fern zu bleiben? Der Vorschlag Preußens entsprach auch durchaus der wohlbegründeten Rechtsansicht, welche die drei verbündeten

Höfe im November den Kabinetten von Stuttgart und Karlsruhe entgegengehalten hatten – der Ansicht, dass die Kleinstaaten durch die Akzessionsverträge verpflichtet waren, dem Bunde beizutreten. Jetzt aber kam an den Tag, dass jene kräftigen November-Noten für Österreich und Hannover nur ein diplomatischer Schachzug gewesen waren. Metternich wollte von jener strengen Rechtsansicht nichts mehr wissen. Wie schon der Wessenbergische Entwurf die deutschen Fürsten nur bescheiden „einlud", nach Belieben in den Bund einzutreten, so erklärte jetzt der österreichische Minister: irgendein Zwang zum Eintritt dürfe gegen die deutschen-Souveräne niemals, auch nicht mittelbar, angewendet werden! Was kümmerten ihn auch das Bundesgericht und die Landstände – diese fixen Ideen der preußischen Politik, die man in der Hofburg halb gleichgültig, halb misstrauisch ansah? Sollte Österreich wegen solcher Dinge sich die Freundschaft der Mittelstaaten verscherzen?

Metternich lehnte den preußischen Vorschlag ab, und am 29. Mai setzte man die Konferenzen in der alten chaotischen Weise fort. Die Aussichten gestalteten sich immer düsterer, denn an diesem Tage wurde Hofrat von Globig, der Gesandte des endlich wiederhergestellten Königs von Sachsen, in die Versammlung eingeführt; durch ihn erhielten die zentrifugalen Kräfte eine wertvolle Verstärkung. Globig trat natürlich mit seinem alten Gönner Metternich in vertrauliche Beratungen. Man erwog insgeheim, ob Sachsen nicht einem süddeutschen Bunde unter Österreichs Führung beitreten solle, gab aber den Gedanken rasch wieder auf; der Österreicher meinte: gegenwärtig erscheine ein gesamtdeutscher Bund doch als das geeignetste Mittel, um den Ehrgeiz Preußens wirksam zu beschränken! Am 30. Mai besprach die Konferenz den Artikel über die Landtage. Der lautete jetzt, nachdem

Österreich alle die in den preußischen Entwürfen vorgeschriebenen landständischen Rechte gestrichen hatte, ganz kurz: In allen deutschen Staaten soll eine landständische Verfassung bestehen. Gagern, allezeit ein begeisterter Vertreter der konstitutionellen Ideen, fand diese Fassung zu nackt und unbefriedigend. Anderen erschien sie zu streng und gebieterisch; wer durfte sich denn herausnehmen, souveränen Fürsten mit einem „soll" irgendetwas zu befehlen? Die Mehrheit beschloss: „In allen deutschen Staaten wird eine landständische Verfassung stattfinden" – statt eines Befehles eine Prophezeiung! Und mancher der Abstimmenden hoffte schon insgeheim als ein falscher Prophet erfunden zu werden.

Der 2. Juni brachte die Katastrophe, den Triumph des Partikularismus. Die deutsche Welt sollte erfahren, was die Wiederherstellung des albertinischen Königtums für unsere nationale Politik bedeutete. Darüber war kein Streit, dass man jetzt nur über die Grundzüge der künftigen Bundesverfassung beriet. Die Bundesakte sagte ausdrücklich, das erste Geschäft des Frankfurter Bundestags werde „die Abfassung der Grundgesetze des Bundes und dessen organische Einrichtung" sein. So blieb doch noch die schwache Hoffnung, dass sich in Frankfurt nach Napoleons Niederwerfung vielleicht eine verständige Mehrheit bilden und einige der Wiener Sünden sühnen konnte. Da beantragte Sachsen das *liberum vero*, die Einstimmigkeit für alle Beschlüsse des Plenums der Bundesversammlung. Ein letzter Rest von Schamgefühl hinderte die Konferenz zwar, diesen Antrag in seiner nackten Frechheit anzunehmen. Aber die Mehrheit beschloss tags darauf, „was der Sache nach auf dasselbe hinauslief: dass alle Beschlüsse über die Grundgesetze, über organische Bundeseinrichtungen, über *jura singulorum* und Religionsangelegenheiten nur mit Stimmeneinhelligkeit gefasst werden dürften.

Damit wurde ein neuer polnischer Reichstag begründet, der gesetzlichen Fortbildung des deutschen Gesamtstaates für immer ein Riegel vorgeschoben, die Partei der Reform in die Bahnen der Revolution hinübergedrängt. Dies war das erste Lebenszeichen des wiederaufgerichteten sächsischen Königreichs. Die Grundgesetze einer Bundesverfassung, die noch gar nicht bestand, deren Grundzüge man erst feststellte, an einstimmige Beschlüsse binden – das hieß nichts anderes, als von vornherein erklären: Dem neuen Deutschland ist nur durch das Schwert zu helfen. Und was war denn mit der Phrase „organische Bundeseinrichtungen" gemeint? Auch darüber ward man nicht einig und vermied jede Auslegung.

Durch diesen Beschluss war das wenige verdorben, was sich noch verderben ließ. In allen und jedem hatte der Partikularismus und die Willkür der kleinen Kronen die Oberhand behalten. Natürlich behauptete sie ihre eigene Diplomatie und das Recht der Bündnisse; nur gegen den Bund und seine Mitglieder durften sie sich mit Auswärtigen nicht verbinden. Dadurch war nicht unbedingt ausgeschlossen, dass Deutsche gegen Deutsche, als Hilfstruppen fremder Mächte, zu Felde zogen. Und diese Gefahr lag noch immer sehr nahe. Fing doch der alte schmutzige Soldatenhandel wieder an: noch während des Kongresses wurde ein nassauisches Regiment an Holland verkauft oder, wie man sich amtlich ausdrückte, verliehen. „Bei einmal erklärtem Bundeskriege" sollte kein Bundesstaat einseitige Unterhandlungen mit dem Feinde eingehen. Was aber ein Bundeskrieg sei und ob der Bund bei einem Angriffe auf die ausländischen Besitzungen seiner Mitglieder zum Einschreiten verpflichtet sei – über diese Lebensfrage konnte man sich nicht einigen. Gewiss war nur, dass der Bund, armseliger als ein Staat dritten Ranges, selber keine Angriffskriege führen durfte, denn die Bundesakte sprach nur vom Schutze gegen Angreifer. Nachdem die Rechte der Landstände mit einer Redensart abgefertigt waren, wendete sich der Übermut der napoleonischen Könige gegen die Mediatisierten.

Vergeblich versuchte Preußen den Entthronten einige Kuriatstimmen zu sichern; die Mittelstaaten setzten durch, dass diese Frage an den Bundestag verwiesen wurde, und nach allem, was man hier vor Augen sah, wusste bereits jedermann, was eine solche Vertröstung bedeutete.

Auch die Hoffnung auf eine nationale Neugestaltung der katholischen Kirche Deutschlands schwand mehr und mehr. Wie war doch die deutsche Hierarchie zugerichtet worden durch die Säkularisationen und die zahllosen anderen Gewalttaten des napoleonischen Zeitalters! Und wie tief war ihre politische Machtstellung gesunken! Statt jener Wolke geistlicher Fürsten saßen jetzt im hohen Rate des Deutschen Bundes nur noch sechs katholische Souveräne: Österreich, Bayern, Sachsen, zwei Hohenzollern und Liechtenstein. Beide Parteien des deutschen Klerus bestürmten die Staatsmänner mit ihren Eingaben. Kardinal Consalvi und die Oratoren forderten Herstellung des alten Besitzes und womöglich auch der alten politischen Macht der Kirche, jedenfalls Teilnahme kirchlicher Vertreter an den Verhandlungen über den Bund und Wiederbesetzung der verwaisten Bistümer durch den Papst. Heinrich Wessenberg andererseits führte den Plan einer deutschen Nationalkirche unter der Leitung eines Fürsten-Primas wiederholt in wortreichen Denkschriften aus und blieb doch dabei, nach Priesterart, den Protestanten gegenüber ultramontan; eine Anerkennung der Rechte der Evangelischen von Bundes wegen schien ihm wenig wünschenswert. Beide Parteien bekämpften einander leidenschaftlich. Wessenberg war den Oratoren kaum mehr als ein Ketzer. Graf Spiegel aber, auch ein vornehmer, feingebildeter Kirchenfürst der alten Zeit, warnte die 101 preußischen Staatsmänner dringend vor den Denkschriften der Oratoren: „Es weht darin ein rein ultramontanischer Geist, eine Größe ganz im Gegensatze mit dem auf immer ehrwürdigen Wahrheitssinne, der die Väter auf den Konzilien zu Konstanz und Basel beseelte." Er wünschte zwar Herstellung der katholischen Kirche, aber auch ihre Weiterbildung durch „liberale Regierungen".

Bayern und Württemberg standen beiden Teilen gleich feindlich gegenüber; sie hofften, jedes für sich, durch ein Konkordat mit Rom Landesbistümer zu gründen und den Deutschen Bund hier wie überall ganz aus dem Spiele zu lassen. Die Preußen endlich zeigten sich auch in dieser Frage, wie durchweg in den Wiener Bundesverhandlungen, gerecht, freisinnig, national; sie forderten, dass der Bund der katholischen Kirche eine für ganz Deutschland gemeinsame Verfassung gebe, aber auch den evangelischen Landeskirchen ihre alten Rechte gewährleiste. So wogten die Ansichten durcheinander. Nur in einem stimmten alle ohne Ausnahme überein: in der Meinung nämlich, dass Österreich sich selbst überlassen, außerhalb der neuen Ordnung unseres kirchlichen Lebens bleiben müsse. Sobald man an irgendeine praktische Frage herantrat, ergab sich immer wieder, dass Österreich nicht zu uns gehörte.

Daher konnte denn der von der liberalen Welt gefeierte Heinrich Wessenberg in Wien bei seinem Bruder, dem k.k. Geheimen Rat, wohnen und sich sogar in den Kreisen der Hofburg einiger Gunst erfreuen: was er erstrebte, galt ja nur für die Länder draußen im Reich, ließ die kaiserlichen Erblande unberührt. Zahllose Konferenzen waren schon wegen dieser Kirchensachen gehalten worden, zu hohen Türmen hatte sich das Schreibwerk der Petitionen und Entwürfe aufgestapelt; da gelang es doch endlich, vermutlich durch Wessenbergs älteren Bruder, in den letzten österreichischen Bundesentwurf einen Artikel einzuschalten, welcher der katholischen Kirche eine gemeinsame Verfassung, den Evangelischen die Aufrechterhaltung ihrer alten Rechte verhieß. Die Mehrheit stimmte zu. Aber Bayern widersprach, und mit solchem Eifer, dass Heinrich Wessenberg alle Hoffnung aufgab. Am 3. Juni schrieb er dem Staatskanzler: da „die Kirchensachen in Deutschland noch immer in einem beispiellosen Zustande von Verlassenheit sich befänden" und der Kongress sich mit den Einzelheiten nicht habe beschäftigen können, so erlaube er sich vorzuschlagen, dass die beteiligten Souveräne, die Fürsten mit katholischen Untertanen, binnen zwei Monaten Abgeordnete nach Frankfurt senden möchten. Dort in Frankfurt, auf freien Konferenzen, welche dem bayrischen Dünkel doch unmöglich gefährlich erscheinen konnten, dachte der Unermüdliche seine Nationalkirche doch noch durchzusetzen.

Mittlerweile war selbst Österreich zu der Einsicht gelangt, dass man ein Ende machen musste. Gingen die Verhandlungen so weiter, so konnte zuletzt sogar von dem österreichischen Entwurfe nichts mehr übrigbleiben. Metternich eröffnete also der Konferenz am 5. Juni – was er schon mehrmals angekündigt, aber aus Rücksicht auf die Gefühle der Rheinbundshöfe noch nicht ausgeführt hatte –: die Bundesakte habe nunmehr eine Fassung erhalten, welche der Ansicht der meisten Höfe zu entsprechen scheine; er erkläre hiermit Österreichs Beitritt zum Deutschen Bunde, auf Grund der beschlossenen Verfassungs-Grundzüge, und bitte die anderen Staaten das gleiche zu tun.

Er sagte jedoch keineswegs, wie Preußen verlangt hatte, dass der Bund auch ohne den Beitritt aller zustande kommen werde, sondern stellte jedem frei, zu tun und zu lassen, was ihm beliebe. Darauf traten auch Preußen, Hannover, Dänemark, Luxemburg und einige Kleine bei.

Die meisten gaben nachher wehmütige schriftliche Erklärungen hinzu.

Preußen fügte sich nur, weil es immer noch besser sei, „einen unvollkommenen Bund zu schließen als gar keinen", desgleichen Hannover nur, weil es „wünschenswerter scheine, einen unvollkommenen Deutschen Bund als keinen einzugehen"; Luxemburg schloss „ein Band, das Zeit, Erfahrung und steigendes Zutrauen erst bessern müssen" – und was der Klagen mehr war. Aber welch ein Aufruhr in der Versammlung, als Graf Rechberg jetzt trocken erklärte, er sehe sich genötigt, den Beitritt Bayerns in diesem Augenblicke noch vorzubehalten!

Er machte dann noch einige ernste, geheimnisvolle Andeutungen, woraus jedermann schließen musste, der Münchener Hof versage sich dem Bunde. Die Bestürzung war allgemein, und zu allem Unglück beging der gute Gagern noch eine folgenschwere Torheit. Ohne reichspatriotische Phrasen ging es bei ihm niemals ab; daher fügte er, indem er den Beitritt Luxemburgs erklärte, noch die Bedingung hinzu: der Bund müsse das ganze Deutschland umfassen. Nassau schloss sich wie immer den oranischen Vettern an. Gagerns Vorbehalt entsprang allerdings zum Teil einer föderalistischen Schrulle; denn in einer erläuternden Note bemerkte der luxemburgische Gesandte: da sein König nur die Gesamtheit der deutschen Staaten als Deutschen Bund gelten lasse, so dürfe die Besatzung der Bundesfestung Luxemburg auch nur vom Bunde, d.h. von allen Staaten abwechselnd, gestellt werden.

Gleichwohl war die Erklärung des redseligen Phantasten sicherlich nicht bös gemeint. Er ahnte nicht, welches arge Beispiel er gab. Welch eine Verwirrung musste entstehen, wenn noch mehrere der übrigen Staaten erklärten: wir treten nur bei, falls alle anderen beitreten! Und so geschah es in der Tat. Die Entscheidung über Deutschlands Zukunft ward im Submissionswege ausgeboten und schließlich denen zugeschlagen, die das Geringste für das Vaterland leisten wollten.

In der Konferenz am 8. Juni, so war beschlossen, sollten die noch ausstehenden Beitrittserklärungen verlesen und das Werk beendet werden.

Die zwei Tage bis dahin vergingen in banger Aufregung, in peinlicher Angst. Graf Rechberg ließ nichts von sich hören; allgemein ward versichert, Bayern trete nicht bei. Selbst der kaltblütige Humboldt war wie vernichtet, nach allem, was er in dieser Gesellschaft hatte erleben müssen. Völlig entmutigt entwarf er bereits den Plan für einen provisorischen Bund ohne Bayern. Unterdessen trug Gagerns Fehler seine Früchte. Sachsen, Darmstadt und andere, ja sogar Dänemark und Mecklenburg, welche am 5. Juni ohne Vorbehalt beigetreten waren, erklärten jetzt, sie könnten sich nur einem Bunde, der das ganze Deutschland umfasse, anschließen. Mehrere dieser Staaten baten ausdrücklich, man möge den Fürsten, welche noch draußen bleiben wollten, durch neue Zugeständnisse den Eintritt ermöglichen. Es war eine Schraube ohne Ende. Wenn Bayern sich versagte, so stob alles auseinander.

Da meldete Graf Rechberg am Morgen des 8. Juni, seine neuen Instruktionen seien eingetroffen. So behauptete er wenigstens; doch scheint es keineswegs unmöglich, dass der Bayer sich diesen ganzen lächerlichen Schlusseffekt des unwürdigen Intrigenstücks nur in seiner schöpferischen Phantasie ausgedacht hat, um die letzten Wünsche der Wittelsbacher desto sicherer durchzudrücken. Genug, alles atmete auf.

Österreich und Preußen traten sofort mit Rechberg in vertrauliche Beratung; er aber forderte außer einigen Kleinigkeiten: Beseitigung des Bundesgerichts und des Artikels über die katholische Kirche. So erfüllte sich denn, was

Hardenberg am 27. Mai warnend vorhergesagt: die beiden Großmächte kamen wirklich in die schiefe Lage, um des Friedens willen für die Schwächung der Bundesgewalt stimmen zu müssen, was für Metternich freilich kein Opfer war. Das Bundesgericht fiel – der Schlussstein des deutschen Rechtsgebäudes, wie es Humboldt so oft genannt; und von den Papiermassen der kirchlichen Verhandlungen blieb nichts übrig als ein dürftiger Artikel, welcher anordnete, was fast überall in Deutschland schon längst zu Recht bestand: dass die Verschiedenheit der christlichen Religionsparteien keinen Unterschied im Genusse der bürgerlichen und politischen Rechte begründen könne. Dann ging es zur Konferenz, und Metternich verkündete „mit Vergnügen", dass Bayern nur noch einige wenige Änderungen wünsche. Dies einige Wenige ward genehmigt, und nunmehr war man wirklich zu Ende, denn was hätte an dieser Akte noch gestrichen werden können? Am 10. Juni versammelte man sich noch einmal, um die Bundesakte zu unterzeichnen und die Leiche der deutschen Einheit mit allen diplomatischen Ehren feierlich zu verscharren.

Wann sollte sie auferstehen?

Die ersten elf Artikel der vom 8. Juni datierten Urkunde wurden noch, gerade vor Torschluss, in die Schlussakte des Kongresses eingefügt; das siegreiche Deutschland hatte fortan alle Fürsten Europas, mit Ausnahme des Papstes und des Sultans, als die Garanten seines Grundgesetzes zu verehren. Auch die Proteste fehlten nicht, welche von alters her zu jeder großen deutschen Staatsaktion gehörten. Die Mediatisierten verwahrten allesamt ihre Rechte. Noch kühner erhoben die Fürsten von Isenburg und Knyphausen ihr Haupt; sie betrachteten sich als Souveräne und erklärten als solche ihren Beitritt zum Deutschen Bunde. Es war vergeblich; den Bedürfnissen der deutschen Kultur, die ja nach der allgemeinen Meinung in der schönen Mannigfaltigkeit unseres Staatslebens ihre Wurzeln haben sollte, genügten achtunddreißig deutsche Mächte. Da ergab sich plötzlich, dass noch ein neununddreißigster Souverän vorhanden war, der Landgraf von Hessen Homburg. Den hatte man ganz vergessen; doch da der patriotische alte Herr und seine tapferen Söhne sich der besonderen Gunst der beiden Großmächte erfreuten, so durften die Deutschen hoffen, dass der Bundestag sich seiner noch erbarmen würde. – Am lautesten klagte der Römische Stuhl. Kardinal Consalvi berief sich in einer schwungvollen lateinischen Note auf jenen Nuntius Chigi, der einst gegen den Westfälischen Frieden protestiert hatte, und legte Verwahrung ein, weil weder das Heilige Römische Reich, dieser durch die Heiligkeit des Glaubens geweihte Mittelpunkt der politischen Einheit, noch die Macht der geistlichen Fürsten wiederhergestellt sei.

Nur damit der Bund gewiss das gesamte Deutschland umfasse, hatten die besser gesinnten Kabinette den letzten schweren Forderungen Bayerns nachgegeben, und dennoch war trotz allem Feilschen und Dingen der Bund aller nicht zustande gekommen. Wie einst Nordkarolina und Rhode Island an der Begründung der zweiten Unionsverfassung Nordamerikas nicht teilnahmen, so blieben Baden und Württemberg der Stiftung des Deutschen Bundes fern und traten erst bei, als Napoleons Sturz zum zweiten Male entschieden war: Baden am 26. Juli, Württemberg am 1. September.

So entstand die Bundesakte, die unwürdigste Verfassung, welche je einem großen Kulturvolke von eingeborenen Herrschern auferlegt ward, ein Werk, in mancher Hinsicht noch kläglicher als das Gebäude des alten Reichs in den Jahrhunderten des Niedergangs. Ihr fehlte jene Majestät der historischen Größe, die das Reich der Ottonen noch im Verfalle umschwebte. Blank und neu stieg dies politische Gebilde aus der Grube, das Werk einer kurzlebigen, in sich selbst versunkenen Diplomatie, die aller Erinnerungen des eigenen Volkes vergessen hatte; kein Rost der Jahrhunderte verhüllte die dürftige Hässlichkeit der Formen. Von Kaiser und Reich sang und sagte das Volk; bei dem Namen des Deutschen Bundes hat niemals ein deutsches Herz höher geschlagen.

Anmerkungen

Treitschkes Darstellung des Wiener Kongresses ist entnommen dem 1. Band seiner „Deutschen Geschichte im neunzehnten Jahrhundert", nach der letzten von ihm bearbeiteten Ausgabe (1894). – Gekürzt wurde der Text um eine Reihe von Stellen, die besonderen, zur Zeit der ersten Veröffentlichung aktuellen politischen Absichten dienten oder den Ertrag der von Treitschke im großen Umfange betriebenen Einzelforschungen mitteilten.

www.ingramcontent.com/pod-product-compliance
Lightning Source LLC
Chambersburg PA
CBHW031834230426
43669CB00009B/1354